JN419014

박정희 100년 시대

김제방 역사서사시집

문학공원 시선 197

박정희 100년 시대

김제방 역사서사시집

대한민국 역사를 보여주는 詩

국가발전을 기약한 구심세력(求心勢力)이 형성되었다
그 중심에 박정희 혁명가가 있었다
우리는 그후 '박통'이란 애칭을 붙여 존경과
자부심·친근감을 보인 때가 있었으니
이때가 '100세 시대'의 여명(黎明)이라 할 수 있을 것이다

문학공원

서시

최근에 들어서면서 세계는 인류역사상
어느 때 보다도 풍요로워진 동시에
불공평해 졌다
빈부격차는 필연적일 수밖에 없는 것일까
이처럼 비관적 상황 속에서도
성장과 분배의 두 마리 토끼를 잡은
나라가 있다는 사실에 주목했다
그건 대한민국(大韓民國)이다
2004년 참여정부 시절 유엔본부에서
열린 '사회발전 국제포럼' 참석차 다녀온
연세대 함00 교수가 쓴 회고록에서 밝힌 내용이다
그러나 정작 한국에서는 개발국가를
옹호하는 사람들은 없어졌다
IMF사태 이후 개발국가를 세우고 운영하던
'보수'는 모두 '시장주의자'가 되어버렸고
이제 정권을 잡은 '진보'는 과거 자신들을
탄압하던 개발독재체제를 해체하는데
전력투구하고 있다
한국의 성공적인 개발경험을 이론적으로
정리하고 이를 외국에 체계적으로 전수하고자 하는
노력은 하지 않는다
많은 외국의 경제학자·사회학자가 의아해하는 것도

바로 이 부분이다
한국은 세계가 주목하는 성공적 모델인데
왜 그토록 자아비판만 하고 있는 걸까?
이는 국제사회를 위해서도 큰 손실이다
한국은 모처럼 성공적인 발전 모델을
창출함으로써 세계에 큰 족적을 남겼지만
아직도 달라진 게 없다
우리의 어려웠던 역사를 되돌려보면
지금 우리의 삶이 얼마나 축복받은 삶인가
금방 알 수 있을 것이다
앞으로 100년 박정희시대!
500년 1,000년이 될 수도 있다

차례

제2부 그래도 세월은 간다

제3부 낙랑문화(樂浪文化)

제4부 서세동점시대

제5부 명성황후

제1부

박정희 구국집념

5·6공의 부산물

1980년대 대학생으로 재야인사로
권위주의정권에 저항하던 세력이 국정의 주도자가 되었다
노무현의 참여정부라는 것이다
이들은 6월항쟁을 자신들의 성취역사로 자부하고 있다
참여정부의 출현과 전투적인 대통령탄핵 정국을 유발해
과반의석을 차지함으로써 완결판으로 생각했던 그들이다
20여 년 간의 투쟁을 이끌어왔다는 이들의
자부심과 역사적 승자라는 성취 인식은 대단히 강할 수밖에 없다
최루탄에 화염병·쇠파이프·벽돌로 저항
이들에게 법은 불복종(不服從)할 수 있는 세력으로 커왔다
이들 중 상당수는 반독재투쟁을 하면서
민족해방과 계급투쟁을 함께 주장한 사람들이다
이들은 공산정권이 붕괴된 후에도 미련을 버리지 못해
전투로서의 '정치'만을 훈련받아왔다
소위 '386세대'라고 하는 것이다
이들은 2016년 4월 세월호 참사를 빌미로
문재인 정권으로 다시 태어났다

이들 역시 5·6공의 부산물일 수밖에 없다
이들이 권위주의 틀에서 벗어나지 못하고 갈팡질팡 하는 세대가 되었다
제철공장 용광로의 거품인 쇠똥과 같은 신세라고나 할까

1829년 3월 미국의 제7대 대통령 엔드루 잭슨(1829-1837)의
취임식에 가장 많은 군중이 모여 대성황을 이루었다
백악관 축하연에는 수많은 남녀와 어린이가
흙 묻은 구둣발로 들어와 상류층의 점잖은 사람들을 놀라게 했다
보수적인 인사들은 프랑스에서 광기를 내뿜었던
그 거친 '폭도왕'이 미국 땅에도 날뛰게 된 것으로 두려워했다
이에 비해 진보적 인사들은 그동안 축적돼온 평민의 힘이 폭발한 것으로
이제 '대중시대'가 왔다고 기뻐했다

박통(朴統)

세종대왕(世宗大王:1418-1450)의
태평성대 이후 국정운영의 미숙과 왕실의 부패로
나라가 기울어져가고 있을 때
이웃 나라인 일본은 1868년 명치유신으로 힘을 키워
1876년 강화도조약을 체결하고
침략의 야욕을 드러낼 때
우리는 사분오열 대처하지 못하고 방황하다가
36년 강점당한 오욕(汚辱)의 역사가 있다
1945년 해방과 동시에 국토는 분단되고
1950년 동족상잔의 6·25전쟁으로 국토가 파괴된
이 땅에 서광(瑞光)이 비쳐왔다
정치·경제·사회적으로 후진국이었던 우리에
국가발전을 기약한 구심세력(求心勢力)이 형성되었다
그 중심에 박정희 혁명가가 있었다
우리는 그후 '박통'이란 애칭을 붙여 존경과
자부심·친근감을 보인 때가 있었으니
이때가 '100세 시대'의 여명(黎明)이라 할 수 있을 것이다

나는 독재자

나는 여태까지 나의 중차대한 책임을 수행함에 있어
야당으로부터 어떠한 지지나 격려를 받아본 일이 없다
한일기본조약을 체결할 때 그들은 나를 보고 매국노라 했고
월남에 국군을 파견할 때 젊은이의 피를 판다고 했다
예비군을 창설하니 정치적 목적을 위한 것이라 했다
없는 나라에서 돈이라도 빌어 경제를 건설하겠다는
나의 노력을 차관망국이라 하더니
경부고속도로를 건설한다니까 건설현장에 나와서
큰대(大)자로 누어버렸다
야당의 반대를 무릅쓰고 국가와 민족을 위해 소신껏 일하는
나를 가리켜 독재자라 말하고 있다
나는 독재자가 될 것이다

혁명가 박정희

1963년 군정에서 민정으로 이양할 때
박정희 의장이 저술한 『국가와 혁명과 나』에서
혁명에 성공한 각 민족의 재건유형의 하나로
일본의 메이지유신(明治維新)을 다루었다
시민사회가 성숙치 못한 곳에서
민주적 토론으로 진행할 여유는 없으며
위로부터의 지도는 불가피하다고
5·16군사혁명이 국민혁명으로 성공하기 위해서는
① 반봉건적·반식민적 잔재로부터의
민족해방(民族解放)
② 빈곤으로부터의 민족해방에 의한
경제자립(經濟自立)
③ 건전한 민주주의의 재건 즉 민주주의의
한국화 한국적 민주주의(韓國的民主主義)
등 3대과제를 해결하지 않으면 안 된다고
하면서 한국민주혁명의 주인공을 찾아
인재를 육성하는 일이 급선무라고 했다

제4공화국

1972년 10월 17일 하오 7시
박정희 대통령은 방송망을 통해 카랑카랑한
목소리로 비상계엄을 선포했다
“친애하는 국민 여러분! 나는 우리 조국의 평화와 통일
그리고 번영을 희구하는 국민 모두의 절실한 염원을 받들어
우리 민족사의 진운을 영예롭게 개혁해 나가기 위한
나의 중대한 결심을 국민 여러분 앞에 밝히는 바입니다
오늘의 이 역사적 과업을 강력히 뒷받침해주는
일대 민족주체세력의 형성을 촉성하는 대전기를 마련하기 위해
입법 일부조항의 효력을 중지시키는 비상조치를
국민 앞에 선포하는 바입니다”

담화발표와 동시에 비상계엄령을 선포하고
10월 23일 대통령 주재로 첫 회의를 소집
① 국민투표에 대한 특례법
② 선거관리위원회에 관한 특례법 등을
처리하고 다음과 같은 담화를 발표했다

“…만일 우리가 이 시점에서 국력을 알차게 기르지

못하고
이를 조직화하는데 실패하고 만다면
우리는 영원히 세계사의 진운에서 낙오되고 말 것이며
평화통일도 한낱 부질없는 꿈이 될 것입니다…
우리가 국력을 기르기 위해서는
모든 면에서 안정을 이룩하고 능률을 극대화해야 하며
국력을 자율적으로 집결할 수 있는 국민총화를 유지해야 한다…
국력을 조직화하고 안정된 번영의 기조를 굳게 다져나감으로써
민주주의 제도를 우리에게 가장 알맞게 토착화할 수 있는
올바른 헌정생활의 규범임을 확신합니다…"

헌법개정안은 11월 21일 국민투표에 부쳐
91.5%의 찬성으로 통과되었다
유신헌법에 따라 12월 15일에는
통일주체국민회의 대의원 2,359명을 선출
12월 23일 처음으로 열린 통일주체국민회의는
단독으로 출마한 박정희 후보가 96.8%의 득표율로
제8대 대통령에 당선됨으로써
유신체제가 가동되어 제4공화국이 출범했다

제1차 오일쇼크

1973년 8월 8일 오후 1시경
김대중이 일본 동경 그랜드팔레스 호텔에서
양일동·김경인과 만나고 나오다가
정체불명의 청년들에게 납치되는 사건이 벌어졌다
10월 16일에는 이란·이라크·쿠에이트·사우디아라비아·카타르·아랍에미리트 등
6개 아랍산유국은 OPEC회의에서 원유 고시가격을
3.02달러에서 3.65달러로 인상하였다
다음날 이들 산유국들은
이스라엘이 1967년 제3차 중동전쟁에서 점령했던
아랍 점령지역에서 철수하고 팔레스타인 권리가 회복될 때까지
매월 원유생산량을 5%씩 감소하여 이스라엘을 돕는
미국·영국·네덜란드 등에 석유금수조치를 단행했다
이로 인해 2개월 동안 4배의 원유가의
상승과 석유금수조치는 선진국과 한국 등
개발도상국가에 큰 타격을 주었다

미군의 월남철수

닉슨 대통령은 '닉슨독트린'을 발표했다
이는 주로 월남을 겨냥한 것으로
미국이 동맹국의 방위에 참여하는 것은
미국의 이익이 된다고 생각될 경우에만 한정되고
방위 1차 책임은 당사국에 있다는 내용을 골자로 한다
이것은 미국이 월남으로부터 군대를 철수시키고
방위를 월남군에 맡긴다는 '월남화 정책'을 의미했다
키신저는 월맹 측과 비밀협상을 시작했다
그러나 월맹은 이를 거부하여 협상이 실패로 돌아가자
닉슨 대통령은 중립국 캄보디아·라오스를 폭격했다
월맹군은 그곳에서 월남 베트콩에 무기를 공급하고 있었기 때문이다
전쟁이 악화되자 미국에서 반전운동이 맹렬하게 일어났다
초조해진 닉슨 정부는 키신저를 내세워
월맹과 협상을 시도하면서
월맹의 하노이와 하이퐁을 맹렬하게 폭격했다
월남전에 파병하여 경제적 특수를 누리고 있던 우리 한국은
1972년 12월 23일 박정희 후보가 제8대 대통령으로 당선 됐다
1973년 1월에는 미국·월남·월맹·베트콩 등

4자 사이에 협상이 이뤄져 파리협약이 조인되면서
전투는 중지되고 미군은 철수하였다
그러나 미군은 국제사회에서 국가 위신이
떨어지는 치명적인 손상을 입었다
무엇보다 중요한 것은 미국인들이 자신들의
체제와 힘에 대해 자신감을 잃었다는 사실이다
이런 소용돌이 속에서
1972년 미국 대통령선거에서 도청장치가 발견됐다
워터게이트 사건이다
1974년 8월에 닉슨은 대통령직을 사임했다
새로 대통령에 취임한 공화당의
제럴드 포드(1974-1976)는 취임한 즉시
닉슨에게 사면령을 내려 비판을 받았다

국립극장의 총성

미국에서 정치적 파문이 일고 있을 때
1974년 8월 15일 우리나라에선
청와대의 야당을 자처하며
대통령 남편에게 직언도 마다하지 않았던
육영수(48) 여사가 총격을 받았다
불과 2,30초 사이의 일이었다
박종규 경호실장이 뒤늦게 연설대 앞으로
뛰어나와 권총을 빼들었으나
이미 범인이 경호원들에게 덮쳐진 뒤였다
이 순간까지도 박정희 대통령은
자세를 흩트리지 않은 채
관중석을 쏘아보면서 큰소리로 호령했다
"왜들 이리 소란하시오? 조용히들 해요!"하면서
박 대통령은 아무 일도 없었다는 듯이
담담한 표정으로 다시 경축사를 했다
경축사가 계속되는 동안 단하에서는
범인 문세광을 밖으로 끌어내고 단상에서는
의자에 비스듬히 쓰러진 육영수 여사를 업어
황급히 뒷문으로 나갔다

중동 건설붐

1973년에 이르러 유신체제를 구축한 박정희 정권은

그 정당성을 경제 선진화에서 구하지 않을 수 없었다

추진한 중화학공업화는

제3차 경제개발 5개년계획(1972-1976)의 주요 목표였다

그러나 오일쇼크를 비롯

국제 고금리시대에 직면하여

외자조달이 어려웠을 뿐아니라 원리금상환 문제가 심각했다

이때 중동의 산유국들은 오일쇼크로 벌어들인 오일달러를

건설분야에 쏟아 부으면서 중동의 건설 붐을 일으켰다

그동안 축적한 우리나라 건설회사들이 중동에 진출하면서

막대한 외화를 벌어들이게 되었고

공인회계사들이 해외출장 감사를 시작한 것도 이때부터였다

이렇듯 제1차 오일쇼크는 전화위복이 되어

중화학공업의 비효율문제를 일시에 극복할 수 있었고

제3차 경제개발5개년계획의 양적 성장도 성공을 거두게 되었다

기적적 경제성장

박정희 대통령의

1960년대와 1970년대는 한국역사상

처음 보는 기적적 경제성장을 달성하고

오늘날의 국가발전을 가능케 했던 시기다

기적적 경제성장은 정치적 민주화를 후퇴시켰다고 하는 일부의 주장은

전진을 위한 일보 후퇴라는 사실과

그간 우리나라에는 후퇴할 민주화가 없었다는 점을 감안하면

민주화의 후퇴라는 말은 억지 주장에 불과했다

유보된 민주화

박정희 대통령은 자신을 독재자라는

비판에 별로 신경을 쓰지 않았다

그에게는 목표가 뚜렷했고 국가관이 확실했기 때문이다

국정운영 목표는 오직 국가안보와 경제발전에 초점을 맞추었고

정치·사회발전은 다음 단계에서 생각할 문제라고 하였다

당분간 민주화는 유보해 두자는 것이다

1960년대 말부터 격화되기 시작한 북한간첩 침투와

1975년 월남패망 등의 사태들이

국민들의 국가안보에 대한 위기의식을 불러 일으켜

안보제일주의라는 통치이념은 정치·사회를 압도할 수 있었다

노동자들의 집단행동과 학생들의 반정부시위 등은

모두 사회혼란을 유발 국가안보를 위협한다는 명분에 가려 맥을 추지 못했다

위대한 대통령들

한 나라의 운명은 지도자의 영도력에 의해 좌우된다
특히 위기 앞에 지도자가 내리는 결단은
국가의 운명을 송두리째 뒤바꿔 놓는 때가 많았다
미국 대통령들의 경우 건국을 전후한 영국과의 독립전쟁
인접국 멕시코와의 전쟁
노예제도를 둘러싼 남북전쟁
두 차례에 걸친 세계대전 등 끊임없는 도전 속에서
미국을 오늘날 세계 유일의 강대국으로 만들어 놓는 주역들이다
1979년 당시 지미 카터 대통령은
미국 여론조사에서 인기 없는 대통령이다
1979년 6월 29일부터 7월 1일까지 카터의 방한 일정은
박정희 대통령의 심기를 불편하게 했다
미군들과 조깅을 하는 여유를 보이면서도
예정된 한국군기지에 대한 시찰을 거부하고
한국정부에서 기피인물로 분류된
반체제인사와의 면담에 열을 올리고 있었다

박정희 대통령도 카터의 기분을 만족시키지
못하기는 마찬가지였다

카터가 요구하는 정치범 석방이나 긴급조치
해제 등에 대해서는 외면을 하고
당초 한미 외교 실무진들이
정상회의에서 제외키로 합의해놓은
주한미군 철수문제를 한 시간 가량
장황하게 언급한 박정희 대통령이었으니
회담이 아니라 한국의 안보상황에 대한
강의 같은 느낌이었다는 게 관계자의 설명이었다
그러나 껄끄러웠던 카터의 태도와는 달리
이 정상회담에서
주한미군 철수 중지원칙에 극적으로 합의함으로써
치닫고 있던 한미관계는 어느 정도 회복되었다

현대 정주영 회장

1950년 1월 10일 현대자동차공업사와 현대토건사를 합병해
서울 중구 필동 1가 41번지에 설립한
현대건설주식회사 현대건설을 모기업으로 출범한 현대그룹은
1967년 12월 7일에는 현대자동차주식회사를 설립하는 등
1979년까지 29년 동안
현대건설·현대중공업·현대양행·현대시멘트 등 27개의
대단위 기업을 형성하였다
이들 회사는 5대양 6대주에 해외지사망을 뻗어
테헤란·바레인·런던·동경·홍콩·뉴욕 등지에 35개사의 지사가 있었다
이들 지사에선 항만시설·고속도로·고가도로·준설·간척사업·아파트·공공시설·댐건설· 비행장 건설 등
그 나라 지도를 바꿔놓는데 결정적 역할을 했다
해외에서만 2만명 가까운 기술자와 근로자가
한국의 얼굴임을 긍지로 뛰고 있다
'현대가 가는 곳에 국가의 영광이 함께'라는 게 정주영 회장의 말이다
국내에선 국내대로 구석구석을 누비며
지도를 바꾸고 표정을 바꿔놓았고

대단위 공장지대가 16개소였다
공장의 생산과 수급을 조절하고 지원하고 관리하기 위한 지사가 8개
전진사무소가 20개
종합병원 5개
현장사무소가 68개나 되어 국책사업의
대부분을 현대의 일꾼들이 해냈다고 했다

빈대의 교훈

1915년 11월 25일 강원도 통천군 송전면 아산리에서
6남 2녀 중 장남으로 태어난 정주영(鄭周永:1915-2001)
고향을 탈출 인천에서 막노동을 할 때의 일이다
잠자던 노동자 합숙소에는 밤이면 빈대가
들끓어 잠을 잘 수가 없었다
빈대를 피해서 밥상 위에서 잠을 잤다
빈대는 밥상 다리를 타고 기어 올라와 사람을 물었다
이번에는 밥상 네 다리에 물을 담은 양재기
하나씩을 고여놓고 잤다
하루 이틀이 지났을까 빈대는 다시 괴롭히기 시작했다
이상해서 살펴보았다
이번에는 빈대가 벽을 타고 까맣게 천장으로 올라갔다
그리고는 천장에서 사람을 향해 밑으로 떨어졌다
정주영은 생각했다
빈대도 목적을 위해서는 저토록 머리를 쓰는데
나는 빈대가 아닌 사람이다
최선의 노력을 하면 성공 못할 게 무엇이냐?

한강기적의 견인차

현대건설은 현대그룹의 모회사로서

고속도로·항만·공항·교량·주택을 비롯하여

석유화학공장·발전설비·정유공장·원자력발전소·제약제지공장·파이프라인가설·비료공장·시멘트공장·수송시설원자로·수자원개발·항만준설·부두시설·식료품공장·광산개발·병원·통신시설·도시계획·국토개발·간척사업·송유관시설 등의 건설을 주로 하였다

국내 주요공사로는

소양강다목적댐·국회의사당·서울대관악캠퍼스·조선호텔·한국정유·고리원자력발전소·경부고속도로·영동고속도로·경인고속도로·지하철·서울대교·제3한강교·남해대교·대청댐·성산대교·월성원자력·포항종합제철·부마고속도로·서해간척사업 등이다

해외에 기술진이 나가

고속도로·비행장·발전소·항만시설·준설·주택·교량·군사시설까지 다양해 처음엔 태국·말레이시아·베트남·인도네시아에서 발판을 굳혀 사우디아라비아에 진출

쿠웨이트·이란·아랍에밀리트·바레인 등

중동에서 조선소·군사시설 등 다양한 건설사업을 수행했다

1979년 6월에 사우디아라비아 주베일항에

30만톤급 대형 유조선 4척을 동시에 접안시키는
세계적 규모의 심해유조선 터미널을 완공하여
현대건설의 진면목을 과시했다

현대건설 등 한강의 기적을 이루는데 동참했던
50대 건설회사의 1979년 도급 한도액 순위는 다음과 같다
1위 현대건설을 시작으로
대림산업·동아건설·한양주택·삼환기업·미룡건설·극동건설·대우개발·진흥기업·라이프즈택·한일개발·경남기업·삼호주택·한신공영·삼부토건·삼익주택·남광토건…신화건설·청화기업·임광토건·우진건설·한양건설에 이어 50위 진정건설 등이다

이란(페르시아)

고대 중동을 통일했던 페르시아제국!
팔레비왕조의 창시자 팔레비(1925-1941)는
카잘 왕조를 무너뜨리고 황제가 되어
1935년 '페르시아' 국명을 '이란'으로 바꿨다
1941년 팔레비는 영국과 프랑스의
간섭으로 물러나 왕위를 황태자에게 물려줘
팔레비왕조의 제2대왕이 된 무함마드 레자는
민족주의자 모사테크 총리가 전개한
석유국유화운동의 소용돌이 속에서
1953년 로마에 피신하였다가
미국 CIA의 지원으로 복귀할 수 있었다

무함마드 레자는 미국의 지원에 힘입어
군대를 증강하고 비밀경찰을 조직하면서
국내기반을 공고히 다져나갈 수 있었다
석유로 인한 수입증가와 함께
1963년 농지개혁 등을 골자로 '백색혁명'을 실시했다
급격한 공업화와 근대화를 추진한
이 백색혁명에 반기를 든 호메이니는 추방돼
1964년 11월 망명생활을 시작했다

1973년 1차오일쇼크 이후 근대화는 더 급속하게 추

진되었고
이란은 페르시아만의 헌병역할을 하게 됨으로써
서방에겐 중동의 가장 든든한 보루였다
그런데 이 석유제국은 왜 붕괴의 길을 걷게 되었을까?
서울시와 테헤란시가 자매결연을 맺은 1977년 11월에는
12년간 총리를 역임한 호베이다가 사임하고
아무제갈 내각이 수립됐다
이때 이미 이란사회는 썩어 들어가고 있었다
토지개혁은 자작농을 만들었지만
토지를 가진 사람과 못 가진 사람으로의
계층분화가 나타나 농민은 농촌을 떠나 도시로 갔다
원유가격이 급등한 이후에는
토지를 가진 농민들까지 마을을 등져야 했다
도시에는 외국인을 대상으로 하는 고급맨션 붐과
토지 투기가 일어나 심각한 인플레 현상이 나타나는
거품경제 속에서 팔레비재단 등
일부 특권층은 막대한 부를 축적하였다
아무제갈 내각은 인프레 억제책을 취했지만
이번엔 불황이 이란사회를 급습했다

호메이니 혁명

농업정책은 실패하였다
팔레비왕의 또 하나의 치명적인 실수는
근대화를 서구화로 잘못 이해했다는 사실이다
스스로의 정통성을 페르시아제국에서 찾는 가운데
이란의 전통적인 이슬람사회를 황폐화시켰던 것이다
테헤란에서 전통양식의 건축물은 찾아보기 힘들었고
경제유통의 심장이라 할 수 있는 바자(노천시장)도
존속이 위태로운 지경에 이르렀다
서구적인 체인점이 진출하고 공업자본의 대두로
바자를 지탱하는 수공업자들에게 위기가 닥쳐왔다
불만세력들은 그들의 삶과 밀착되어 있는
종교세력 밑으로 결집하였다
일반시민들의 불만은 이슬람의 분노로 발전해
팔레비와 배후에 있는 미국에 대한 증오로 번졌다
1978년 1월 성지 콤에서 신학생이 호메이니에
대한 모략기사에 반대하는 시위를 벌였다
이를 계기로 전국에는 희생자의 추모시위 형태로
반(反)왕정운동이 시작되었다
팔레비왕은 카지노를 폐지하고
이슬람 달력의 사용을 부활하고
9월에 계엄령선포로 대응했지만
테헤란 자래광장에 5천명의 시민이 모였다

군인들은 총을 쏘았다
사망자는 2천명에 달했고 종교지도자들은
그런 충격에도 기가 꺾이지 않았고 추모시위는 계속되었다
바자에 이어 공무원·석유노동자도 파업에 동조
경제는 마비상태에 빠졌다
"샤(왕)에게 죽음을!"
"호메이니에게 영광을!"
이런 슬로건은 전국을 뒤집었다
속수무책의 팔레비는 1979년 1월 16일 망명의 길을 떠나고
2월 1일에는 호메이니가 귀국했다
곧 내전상태로 발전했지만 군의 중립선언으로
드디어 혁명 측이 실권을 장악하게 되었다
1979년 2월 11일 끝난 이란 이슬람혁명
샤정권 붕괴의 드라마는 1인 독재자의 실정에
대한 전형적인 시민봉기 바로 그것이었다
그러나 민중이 '이슬람' 그리고 '백색혁명' 이래
일관되게 샤에 대항해 이슬람 이상국가를
설파해온 호메이니라는 지도자 정신을 얻음으로써
처음으로 강력한 힘을 가질 수 있었던 사건이다
샤의 고문 에홋산 나라기는 혁명직전에 이런 말을 했다
"이란인은 자신들이 원하지 않는 것이 무엇인지 알고 있었지만

원하는 것이 무엇인지는 모르고 있었다"

실제로 사람들은 이슬람공화국이 어떤 것인가를 알지 못했다

다만 호메이니가 말하는 것은 모두가 옳다고 생각하고 있었을 뿐이다

사치하던 팔레비가 물러나고

그의 전용비행기의 변기가 황금이라는 기사를 본 일이 있다

당시 이란에 진출해 있던 신화건설은 비료공장 건설공사를 중단하고 철수했다

곧 공사를 재개했지만

이번에는 이란·이라크전쟁이 일어나

또다시 철수해야 하는 시련을 겪고 있었다

후일 테헤란 출장 중 팔레비왕궁에 들어가본 일이 있다

모두가 황금색인데 놀랐다

문고리·액자·스탠드·화장품 케이스 등 쇠붙이는

모두가 황금이었다

100세 시대

5천년 찌든 가난의 역사
의식주(衣食住) 중 가장 어려웠던 식생활(食生活)
'가난은 나라도 못 구한다'라는 속설을 깨고
가난에서 벗어나게 한
박정희 대통령의 구국집념(救國執念)은 성공했다
1945년 해방당시 우리의 평균수명은 45세였다
5·16혁명으로부터 60년이 경과한 2021년
우리는 100세 시대를 살고 있다

금모으기 운동

세월은 쉬지 않고 흐른다
5,6공화국을 지나 문민정부 말기가 됐다
1997년 12월 18일 실시한 대통령선거일
한나라당 이회창 후보를 누르고
김대중 후보가 대통령으로 당선되었다
김대중 정부 출범과 함께
대통령 수석비서관 내정자는 당선자에게 건의했다
"지금은 악마의 돈이라도 빌려야 할 판입니다"
180억달러의 IMF 구제금융이 결정되고
12월 24일까지 140억달러가 지원됐으나
위기는 해소되지 않았다
엘칸토·셰프라인·삼성제약·산내들·동서증권이
무너지는 등 종합주가지수 400선이 무너졌고
환율은 달러당 1700원을 넘었다
경제위기 극복을 위해 국민은 '금모으기운동'에 동참했다
세계의 이목이 집중됐다

국민의 정부

1998년 2월 25일
국회의사당 뜰에서 제15대 대통령 취임식이 거행됐다
1971년 박정희 후보에게 지고
1987년 노태우 후보에게
1992년 김영삼 후보에게 진 김대중 후보는
1997년 12월 18일 대선에서는
김종필 총재의 자민련과 공조하여
한나라당 이회창 후보를 물리치고 승리했다
국무총리에 김종필
그리고 경제부처 장관 등 국무위원을
자민련에 할애하는 연합정부(聯合政府)가 탄생하여
그 후 박태준·이한동 총리가 자리를 메우게 되는
국민의 정부가 출범했다

김영삼의 문민정부가 초래한 IMF 체제로
기업구조조정·공적자금투입·벤처기업육성 등
국민의 정부는 분주했다
국민의 생활은 어려워지고 있었다
새로 출범한 국민의 정부는 마음 놓고
헤엄칠 수 있는 물을 만난 것이다
그 어려운 때
1998년 7월 미국 오픈골프대회에서

박세리가 양말을 벗고 연못에 들어가 쳐올린
골프공이 우승으로 이끌면서
외환위기 시름에 젖어 있던 국민에게
기쁨을 안겨주었던 기억은 잊을 수가 없다

황장엽 망명

위대한 수령 동지께서 1994년 7월 8일 2시
급병으로 서거하셨다는 것을 가장 비통한 심정으로
온 나라 전체 인민들에게 알린다고
중앙·평양방송이 보도했다
"우리의 경애하시는 어버이 수령님께서
너무도 일찍이 우리 곁을 떠나시었다"
"김정일은 무능하다 북한은 망하다"라는 소리가 떠돌더니
해를 거듭할수록 3백만 명이 굶어죽었다는 소문이 나돌기 시작했다
이때 주체사상의 대가라고 일컬어지던 황장엽이 망명해왔다
황장엽의 망명은 주체사상의 망명이었으며
이것으로 주체조국의 죽음은 기정사실로 받아들여졌지만
이런 상황에서도 김정일은 나타나지 않았다

제2부

그래도 세월은 간다

김정일 국방위원장

김일성을 잃은 슬픔은 힘과 용기로 바꿔
친애하는 지도자 동지를 모시고 김일성
주석이 못 다한 위업을 계승하겠다고
북한은 거듭 주장했다
국가적 위기에 멀쩡한 지도자가 보이지 않는다는 것은
이해하기 어려웠다
3년 상을 치른다는 해명이 있기는 했지만
그들의 주장대로 3년 상이 끝나고 3개월 뒤
1997년 10월 8일 김정일이 조선노동당 총비서가 되었다
1998년 9월 5일에는 최고인민회의에서 국방위원장에 추대되어
김정일 체제가 공식적으로 출범했다

햇볕정책

국민의 정부의 대북정책이 가시화 됐다
'햇볕정책'이 그것이다
2000년 6월 14일 김대중 대통령이
전세기를 타고 평양을 방문해
15일 남북정상회담이 열렸다
현대의 정주영 명예회장은
서산목장에서 기르던 소 1001마리를 트럭에 나눠 싣고
평양을 방문해 트럭 째 주고 왔다
금강산 관광이 시작되고
남북이산가족 상봉 등 사업을 주도하면서
퍼주기식 대북정책이라는 비난의 소리가
들리기도 했다

정주영 회장 별세

북한에 불법송금이 불거져서
박지원 비서실장 등 여러 사람이 구속되고
2001년 3월에는 정주영 명예회장(1915-2001)이
향년 86세로 별세했다
건강하던 분이 갑자기 돌아가시자
시중에는 울화병이라는 소리가 돌았다
이때부터 시중에는 쓰고 죽자는 풍조가 만연했다
2003년 8월에는 정주영 명예회장의 유지를 받들어
대북사업을 지휘하던 정몽헌 회장이
종로구 계동 사옥에서 투신자살하는 사건이 발생해
세상이 허무함을 느끼게 했다

미국 9·11테러

2001년 9월 11일 사상초유의
반미자살테러 공격으로 눈 깜빡할 사이
전 미국을 무력화시키고 공포의 도가니로 몰아넣었다
세계경제의 중추신경 세계무역센터가
항공기 자살테러로 맥없이 무너져 내렸다
세계 4대 고층건물의 하나인
세계무역센터 쌍둥이 빌딩이 붕괴된 것
높이가 417m인 110층 이 빌딩은
콸라룸프르의 페트로나스 타워-452m
시카고의 시어스 타워-443m
상하이의 진마오 타워-421m에 이어
세계 4위를 자랑하고 미국을 대표하는 건물이었다
그런 거대한 빌딩이 이슬람 테러범들에 의해
순식간에 붕괴되었다
테러범들이 납치한 아메리카 에어라인과
유나이티드 에어라인은 미국의 2대 항공사다
승객들이 탄 대형여객기는 그 자체가 기름폭탄이었다
무역센터를 들이받은 보잉767기는
약 9만 리터의 기름이 실려있었다

1990년대에 발생한 악명 높은 테러사건마다
줄곧 배후인물로 지목돼온 이슬람

반미주의자 오사마 빈 라덴이다
그는 1957년 1월 사우디아라비아 리야드
건설부호의 아들로 태어나
1979년 제다의 압둘 아지즈 왕립대학에서
토목공학 공부를 마친 22세의 청년 빈 라덴은
아프카니스탄의 험준한 산악지대로 들어가
아랍의용군에 지원 입대했다
9·11테러로 미국은 곧 아프카니스탄을 공격했다
김정일의 북한은 같은 테러 지명국 명단에 올라있는
이란·이라크·시리아·리비아·쿠바·수단 등과는
반미국가라는 점에서 냉전 후에도 친숙한 관계를 유지해왔다
이들 국가들이 이른바 '깡패국가'로 지목되었다
북한에 대해 햇볕정책을 펴 노벨평화상을 수상한
김대중 대통령에게는 바람직한 일이 아니었다

도라산역 설치

햇볕정책의 일환으로 휴전선을 관통하는
경의선 철도에 도라산역이 설치된다
도라산의 역사가 있다
고려 제25대 충열왕(忠烈王:1274-1308)은
원나라 제국대장공주와 결혼하여
원 왕실과의 첫 혼인관계를 맺은 왕이다
그의 장인 쿠빌라이는 중국과 고려를 정복하고
배와 군사를 징발하여 일본원정을 떠났다
1274년 10월 3일 여몽연합군은
33,000명의 군대를 태운 900척 배를 몰고
합포(合浦-馬山)를 떠나 일본으로 갔다가 밤이 돼
군선에 대기 중 태풍이 불어와 하카다만을 휩쓸어 전멸했다
제1차 침공에 실패하고 1281년 5월
다시 합포를 떠나 일본으로 갔지만
이번에도 태풍을 만나 전멸하였다
이는 '가미카제(神風)'가 일어난 것이라
일본조야에 신과 부처에 대한 신앙심을 고취케 하는 계기가 되었다

1293년 제국공주가 충열왕을 데리고 친정
나들이를 떠나 북경에 도착하니

황제 쿠빌라이의 병이 위중하여
귀국을 늦추고 있던 중
1294년 1월 쿠빌라이(80)가 사망했다
귀국한 충열왕은 마음먹고 뭘 하고자 해도
정치는 원나라에서 파견나온 다루가치가
했기 때문에 할 일이 없었다
충열왕은 사냥을 즐기기로 했다
장단 지방에 호랑이가 많아 백성들이 호환에
떨고 있어 그걸 잡기 위함이라 변명하고
아가씨를 데리고 도라산으로 갔다
'도라산 아가씨'와 환락에 빠져 있다가
저녁때가 되었다
"더 노시다가 가시지요
궁궐 안이 무섭지 않으십니까?"
"무서우니까 빨리 가야지!"
아쉬운 작별을 하고 왕은 환궁하였다
마중 나와 있던 제국공주가 왕에게 물었다
"잡은 호랑이는 어디에 두셨습니까?"
"호랑이도 왕을 알아보는지 얼씬도 하지 않습디다"

63빌딩 주인

정치적 기반이 약한 민주투사들이 한계에 부딪쳤다
싸우는 일에 집착하다가
민주수업을 받지 못한 이들의 해악(害惡)은
① 교만이 판치는 우두머리 정치
② 지역기반의 패거리정 치
③ 가신이 발호하는 잡탕 정치
④ 성님 아우의 끼리끼리 정치
순식간에 덩치 큰 63빌딩의 주인이 바뀌었다
신동아건설에서 한화그룹으로…
우리 회계법인이 입주해있던 터라
그 느낌은 남달랐던 것 같았다

황장엽 방미

태평양을 스치고 올라온 바닷바람
페더럴웨이[1]의 초겨울을 스치고 지나간다
온종일 찌푸린 날씨에 세찬 바람
별장 같은 한적한 동네에
하늘높이 솟아 흔들거리는 침엽수군락 솔가지가
바람에 데굴데굴 골프장 잔디밭으로 굴러간다
캘리포니아 10개 지역에 동시다발로 일어난
산불이 일주일째 기승을 부리고
부시 대통령은 연방재해지역으로 선포했다
한인들의 피해도 많다던데
황장엽 북한 전 노동당비서가 햇볕정책에 가려서
어렵게 얻은 미국방문에 미국무부 소속
경호원들에 둘러싸여 공항을 빠져나가는 영상을 보면서
그의 방미효과가 바람에 날리면 어쩌나?
그런 생각이 들었다

1) 시애틀의 위성도시

세상은 넓고 할 일은 많다

1989년 김우중 대우그룹 회장의 자서전
『세상은 넓고 할 일은 많다』가 나오자
장안의 화제가 되었다
김우중(金宇中)이라는 이름 석 자는 한국의 자부심이었다
평범한 월급쟁이로 출발해서 국내 굴지의 대기업을 일궈낸
신화(神話)의 주인공이었다
그러나 정경유착(政經癒着)의 표본으로 처참하게 무너지고 있었다
세계는 넓고 할 일은 많다던 김우중 회장은
반기업정서(反企業情緒)가 세계에서 가장 심하다는
한국에서 쫓겨 가듯 월남으로 출국해
돌아오지 못한 채 사망하고 말았다

히딩크의 위상

2002년 6월 30일에 끝난
한일월드컵대회가 보여준 '붉은 악마'와 태극기 물결이
시청 앞에서 광화문까지 그리고 전국 방방곡곡에
수백만 함성과 함께 거리응원이 펼쳐졌다
당초 목표 1승에서 16강으로 올라섰다
이탈리아를 꺾고 8강에 올랐고
스페인을 꺾고 4강에 오르게 되면서
대~한민국! 짝짝짝 짝짝!
응원도 요란했다
붉은 악마의 함성 속에 한국축구를 아시아 역사상
첫 4강으로 이끈 히딩크 감독이 주목을 받았다

정몽준 축구회장

정몽준 한국축구회장으로부터 서울로 오라는
제의를 받은 히딩크는 요구조건을 물었다
"월드컵 우승"이라는 정몽준 회장의 말에
히딩크는 고개를 저었다
정 회장은 멀뚱한 표정으로 되물었다
"안 될 이유가 있습니까?"
이렇게 시작한 한국축구가
대~한민국! 짝짝짝 짝짝!
그 열기가 모아져
그해 겨울 대통령 선거에서 노무현 당선의 빌미를 준
정몽준이 멀쑥해졌다

햇볕정책의 종언

2002년 8월 15일자 조선일보 '세계의 눈 칼럼'에서
피터 벡 워싱턴 한국경제연구소 소장이
북한의 변화조짐을 말하면서
북한은 1년 이상 김대중 정부의 제의를 거부해온 데다가
특히 한일월드컵대회가 끝날 무렵 서해교전을 일으켜
햇볕정책의 정치적 입지를 취약하게 만들어
남북회담 후 2년이 지났지만
경협프로젝트는 한 건도 실현되지 않았다
올해 안에 남북철도연결 프로젝트나
개성공단 건설착공 등과 같은
의미 있는 전기가 마련되지 않는다면
남북경협은 5년간 사장될 수도 있다

한국의 대통령이 왜 예측불가능하고
감사할 줄 모르는 북한정권을
자신의 정치적 자산을 위협에 놓이게 했는가
시간은 가고 있다
이달 말 예정된 2차 남북경협추진위원회는
아마도 북한이 김대중 정부를 포용할 수 있는
마지막 기회일 것이다
만일 이 기회를 잡지 못한다면

이는 김대중 정부의 패배 내지는
햇볕정책의 종언일 뿐 아니라
한민족 전체에도 손실일 것이다
궁극적으로 북한이
경제적인 죽음의 소용돌이에서 벗어나려면
중국의 등소평(鄧小平)이나
한국의 박정희(朴正熙) 대통령처럼 비전을 갖추고
개발에 헌신하는 지도자가 필요하다
그러나 김정일 위원장이 그 같은 능력이 있는지는
지켜볼 일이라고 피터 벡은 결론지었다

풍운의 김종필

JP(김종필)의 골프 폼은 콩밭 매다가 나온
할아버지가 자치기하는 모습과 흡사하다
그러면서 골프 실력은 싱글이다
80을 바라보는 고령에도 그토록 골프를 즐기는 것은
아마도 젊은 날의 힘이 받쳐주기 때문일 것이다
1961년 5월 16일 혁명 제1성으로
"군부가 궐기한 것은 부패하고 무능한
현 정권과 기성정치인들에게
더 이상 국가와 민족의 운명을 맡겨둘 수 없다고 단정하고
백척간두에서 방황하는 조국의 위기를 극복하기 위한 것입니다"라고 외쳤다
리더는 45세의 박정희 소장
기획자는 36세의 김종필이었다

혁명 후 중앙정보부를 만들어 자신이 근무했던
특무부대원 3천여 명을 토대로 출발하였고
1963년 2월 민주공화당을 창당한 것도 JP였다
그러나 JP는 2월 25일 '자의반 타의반'의
외유를 떠나야 했다
독주하는 제2인자를 견제하려는 움직임 때문이었다
곧 외유에서 돌아온 JP는 자유당정권 때부터

난제였던 한일수교협상을 타결지었다
한국에서는 청구권
일본에서는 독립축하금 6억달러로
1965년 6월 23일 한일협정이 조인되었다
10월 해병대 2여단의 월남 파병을 시작으로
청룡·백마·맹호부대가 파병 8년 동안 31만 명이 참전하였다
월남전쟁은 한국인들에게 일자리를 주었다
1970년 6월까지 해외취업자 44,000명 중
월남취업이 25,000명으로
이들이 벌어들인 금액은 10억달러 이상이었다

중앙정보부장 김형욱은
복지회 회장 김용태 의원을 협박했다
복지회 회장은 여당 내의 야당으로
"앞으로 3선개헌은 필연적이며 저지세력 확보 필요
1971년 대통령선거 대안은 오직 김종필 공화당 의장…"
이 시국 판단서는 복지회를 구상한 송상남의 작품이다
박정희 대통령은 발끈했다
김형욱 정보부장은 물불을 가리지 않았다
김형욱에게는 JP계의 반란 증거였을 뿐이다
김용태는 고문을 당하고 제명처분에 항복
JP를 차기 대통령 후보로 옹립하려는 음모를 꾸몄다는
김형욱의 밀어붙이기에 항복했다

JP는 5일 뒤 당의장·의원직·당적까지도 모두 내팽개쳤다

그러나 박정희 대통령을 만난 JP

“다음은 임자 차례야”라는 유혹에 넘어간 JP는

개헌의 마이크를 잡자

공화당은 일사천리로 의지를 통일하였고

1971년 6월 3일 45세의 JP는 국무총리가 됐다

1979년 10·26사태로 최규하 총리가 대통령 권한대행이 되고

JP는 공화당 총재가 되었다

그해 12월 6일 장충체육관에서 열린

통일주체국민회의에서 제10대 대통령 선출 때

신군부는 JP의 출마를 막고 최규하 총리가 대통령으로 당선됐다

최규하 대통령의 재가를 얻어 선포한 비상계엄령 발령과 더불어

JP와 김대중은 체포되었다

1987년 제13대 대통령 선거에 출마하여 낙선한 이후

JP는 말 그대로 풍운아였다

1972년 대통령 선거 때 YS와 연합했고

1997년에는 DJ와 연합정부를 탄생시켰다

그러나 곧 결별하였다

이빨 빠진 호랑이가 되었다

젊은 날의 JP 실력은 어디가고 골프 핸디가

싱글이라는 사실은 잊은 채
그의 골프 폼만을 보고 평가하려는 세상인심이 야속할 뿐이다

92세로 타계하던 2018년 초에 JP는 탄식했다
"보수 정치인한테는 역사의식이 부족해!
그러니 현대사 논쟁에서도 밀리지!"

농담 아닌 농담

옛 소련에서 유행하던 농담 한 토막
“근로자들은 일을 하는 척 정부는 돈을 주는 척”
빈곤의 악순환일 수밖에 없는
사회주의 경제체제의 구조를 상징적으로 표현한
농담 아닌 농담이었다
우리 속담에도 있지
“부역에 나가 땀을 흘리면 3대가 망한다”
공산주의 집단체제가 성공할 수 없었던
이유가 우리 속담에도 있었다
요즘 여권 대선주자들이 코로나19와 관련해
각기 다른 경제 피해대책을 제시
정책적 혼란이 가중되고 있다
정세균 국무총리는 ‘손실보상제’를 강조
더불어민주당 이낙연 대표는 ‘이익공유제’를
이재명 경기지사는 ‘전국민재난기본소득’
지급을 주장하고 있다
홍남기 경제부총리는 “재정은 화수분이 아니다”라고 해
정치권 손실보상에 각을 세웠다

행복으로 가는 길

1993년 이건희 삼성그룹 회장이

신경영선언으로 경영개혁을 진두지휘한 것을

그의 리더십을 여실히 보여준 사례로 높이 평가하고 있다

이건희 회장의 리더십과 함께

① 견고한 조직운영

② 실력주의의 인력육성

③ 집중과 선택

④ 집념

⑤ 장기적 경영관

⑥ 시의 적절한 투자판단

⑦ 글로벌화 지향 등

삼성전자 성공의 7대 비결로 꼽았다

부정보다 긍정적인 사고 이런 것들은

행복으로 가는 첩경일 것이다

이재용 삼성 부회장의 법정구속을 보면서 마음이 착잡했다

나와 삼성과의 관계는 삼성 전자제품을 사서 쓰는 관계가 유일하다

만경봉호 미인응원단

2002년 부산아시안게임에
재일동포를 강제로 북송한 '만경봉호'로 악명 높은 그 배에
362명 북한 미녀응원단을 싣고 와
다대포항에 정박하자 실향민들이 몰려가 향수를 달랬다
참으로 세월이 많이도 흘렀다
메달획득은 뒷전이고 남남북녀라 했던가
북녀의 치맛바람이 금메달보다
더 흥미로웠던 때가 있었다

기름진 음식

2002년 부산아시안게임에서
금메달을 목에 건 북한 여자마라톤선수 함봉실은
기자와의 인터뷰에서
"양념이 많이 든 선수촌 음식이 맞지 않았는지
그동안 소화장애 때문에 애를 먹었다"고 했다
양념이 많이 든 음식이란 무엇인가?
기름진 음식이 아니던가
다른 북한선수도 만경봉호를 타고 온 미인응원단도
같은 이유로 고생했다고 한다
김일성이 '쌀밥에 쇠고기국' 타령하다가
소원을 이루지 못하고 타계하였으니
만경봉호에서 링거 100병을 주문했다는
후문도 알만한 일이었다

주막강아지

한국에는 경상도·전라도만 있는 것도 아닌데
자기들 맘대로 영·호남의 화합
동서화합의 상징으로 부산에다가 민주공원을 만들었다
축사를 하는 YS(김영삼)는 김대중 대통령에게 독설을 퍼부었다
밀실정치의 명수들이 거짓말의 명수들이
무슨 짓인들 못할까 만은…
어디 그 뿐인가?
입만 열면 독설을 퍼붓는 YS를 향해
전두환 대통령은 "주막 강아지"라고 했다

조타카드라

조타카드라!
해외여행도 보신 관광여행도 그렇게 시작되었고
아파트 투기와 주먹질도 그렇게 시작되었다
'카드라'의 위력은 대단했다
우리 고유의 민속풍물인 사물놀이를 변질시킨 것은 시위 문화였다
주먹질·투석전·화염병·쇠파이프를 휘두르기 전에
영락없이 등장하는 것이 사물놀이패였다
'좋다고 하더라'의 경상도 사투리
'조타카드라'의 망령은
우리 일상행활 속에 속속들이 배었다
새로운 권력이 생기면 돈을 싸들고
따라다니면서 걸태질을 부추긴다

걸태질

국어사전에 '걸태질'이란 아무 염치나 체면도 없이
재물을 마구 긁어 들이는 짓이라고 했다
권력(權力)·명예(名譽)·부(富)
이 세 가지 중 한 가지만 거머쥐어도
성공한 인생이라 했다
그런데 1980년대를 특정지은 걸태질을 질타한 사람들도
정권을 잡은 뒤에 그 유혹에서 벗어나지 못하고
줄줄이 감옥으로 들어가고 있었다

새까먹는 소리

박정희 대통령이 어렵게 차려놓은
진수성찬 밥상을 받고 앉은 전두환
숟가락 하나 달랑 들고 노태우가 달려들자
밥상에 재를 뿌린 김영삼
구경하던 김종필·최규하·정성화를 밀어제치고
실속을 챙긴 김대중
방앗간 나락 까먹는 참새들의 소리에
세월은 흘러간다
이제 누구를 찍어야 하나?
2002년 12월 18일 대통령 선거에
한나라당 이회창 후보
민주당 노무현 후보
모두 안 된다는 양비론의 충청도 맹주
자민련 김종필 총재가 홍성에서
기자회견을 했다
날씨도 몽니를 부리는가 찌푸린 날씨
확성기마저 을씨년스러웠다

노무현 참여정부

이회창 대세론으로 위기를 느낀 노무현과
정몽준은 후보 단일화에 성공하고
웬일인지 정몽준은 공동유세 마지막 날
노무현 지지를 철회했다
노무현은 정몽준의 집을 찾아갔지만
문전박대를 당하고 돌아섰다
이를 본 네티즌들은 표를 몰아주어
노무현 후보가 제16대 대통령이 됐다
자신의 사려 깊지 못한 판단에 송구스러워
한 정몽준은 '어! 어!' 하다가 물에 빠진 사람꼴이라…
여기에다가 부산 재야세력의 대부로 알려진
천주교 정의구현사제단 창립멤버로
이 땅에 해방신학을 소개했다는
송모 신부의 얘기가 황당했다
그의 입에서
노무현은 종종 '그놈'으로 표현된다고
예전에는 물론 대통령이 된 지금도 마찬가지
노무현을 향한 '그놈'은 진하디 진한 애정의 표시라면서
송 신부는 노무현이 불의와 타협하려 할 때 다시 만나서

"이놈아!"하고 회초리를 들 생각이라고도 했다
참여정부는 이렇게 출발했다

제3부
낙랑문화(樂浪文化)

웃으며 살자

일소일소(一笑一少)
일노일노(一怒一老)
한번 웃으면 한번 젊어지고
한번 노하면 한번 늙는다는 말이다
국어사전에는 없는 말이다
100세 시대를 사는 사람들에게
어울리는 것 같다
일소일소 일노일노
노래도 있다

한문화권(漢文化圈)

진시황제(秦始皇帝) 이후 한(漢)나라는
전한(前漢: BC206-AD8)의 214년과
후한(後漢: AD25-220)의 196년 집권함으로써
전후한 410년 동안 중국을 지배했다
한인(漢人)·한족(漢族)·한문(漢文)·한학(漢學) 등
한(漢)이라는 왕조의 이름은
중국 그 자체를 가리키는 말이다

전한 제7대황제 무제(武帝: BC141-BC87)가
기원전 108년 위만조선을 멸망시키고
고조선 땅에 한사군(漢四郡)을 설치하였다
낙랑군·임둔군·진번군·현도군 등 4개군
낙랑군은 대동강 유역에
임둔군은 함경남도
진번군은 자비령 이남에서 한강 이북 사이
현도군은 압록강과 동가강 유역이었다
한사군이 한강 북쪽에 한정되었지만
한반도 전체에 끼친 영향은 매우 컸다
무제(武帝)는 전후한(前後漢) 410년에 걸쳐
가장 위대한 황제로 꼽히는 인물이다

한사군의 중심인 낙랑으로 밀려드는

한나라의 관리·상인·지식계급·농민에 의한
정치·경제·문화의 이식(移植)은 군현제도의
조선인은 물론 주위의 토착사회에까지 영향을 미쳤다
한나라의 식민정책은 우선 일부 지식층에 의한
언어·풍속·예의·문학 등을 가르쳐주었고
경제적으로 많은 착취를 행하였다

제8대 소제(昭帝: BC87-BC74)에 이르러 달라지기 시작했다
기원전 82년에 진번·임둔이 폐지되고
낙랑·현도 2군에 편입시키면서
그 후 현도군이 예맥 땅의 토착민들의 침공을 받고
만주지방으로 이동하고 그 자리에
기원전 37년 동명왕(東明王: BC37-BC19)이
고구려(高句麗)를 건국했다
기원전 18년 온조(溫祚: BC18-AD28)가
백제를 건국했고
고구려 제15대 미천왕(美川王: 300-331)이
311년 낙랑군을 멸망시켰다
314년 9월에는 대방군을 쳐서 합병하였다
미천왕 때는 이렇듯 국토확장에 힘을 기우려
고구려가 더욱 강성해졌다

그러나 낙랑군은 420년이란 긴 세월 동안
한곳에 자리 잡고 있어 정치·경제·문화에

큰 뿌리를 내리고 있었으니
낙랑군은 한나라의 동방군현의 중추적 역할을
담당하면서 중국문물을 대량으로 옮겨놓아
주위의 토착사회까지 그 영향을 크게 미치게
되었고 한사군의 문화를 통틀어
낙랑문화(樂浪文化)라고까지 할 정도였다
이렇듯 중국의 문물을 우리 스스로가 수입한
게 아니고 낙랑군을 통해 한문화(漢文化)를
자연스럽게 받아들이게 되었다

호동왕자와 낙랑공주

호동왕자(好童王子)와 낙랑공주(樂浪公主)
고구려 제3대 대무신왕(大武神王:18-44)의
아들 호동왕자와 낙랑태수 최이(崔理)의
딸 낙랑공주의 설화다
건국 이래 약 150년간은 부족국가로서
오늘날의 국가개념이 아니었다
한사군(漢四郡)이 한반도의 절반을 차지한
가운데 그 중심세력은 평양을 중심으로 한
낙랑군(樂浪郡)이었다
낙랑군 안에서도 여러 개의 부족형태로 나뉘어져 있어
개인자격으로 왕래가 자유로웠으므로
어느 날 호동왕자는 옥저로 사냥을 나갔다가
낙랑공주와 사랑을 맺었다
당시 낙랑에는
적병의 침입을 저절로 알리는 자명고(自鳴鼓)가 있어
호동이 낙랑공주를 꾀어 자명고를 찢고
쳐들어갔다는 이야기다

고구려 제6대 태조왕

고구려 제6대 태조왕(太祖王:53-146)은
모본왕의 뒤를 이어 7세에 왕위에 올라
119세까지 살면서 94년간 집권했다
그의 치세기간은 후한의 초대황제 광무제
(光武帝:25-57)로부터 황제 10명과
로마의 제5대 황제 네로(Nero:54-68)보다
1년 앞서 왕이 되어 로마 5현제(五賢帝) 중
세 번째 피우스까지 14명의 황제 재위에
해당하는 기간을 살았다
후한과 로마의 국력에는 비교가 안 되지만
그 시대의 신흥국가 고구려의 왕으로
장수했다는 사실은 괄목할 만한 일이다

제20대 장수왕

391년 고국원왕이 승하하고
아들 제19대 광개토대왕(廣開土大王:391-413)이 17세로 즉위했다
시조 동명왕 이래 처음으로 영걸이 등장해
고구려의 권위를 최고로 발휘한 군왕이다
왕은 재위 22년만인 39세에 승하하고
그의 아들 제20대 장수왕(長壽王:413-491)이 즉위해
선왕의 뜻을 받들어 도읍을 평양으로 옮기고
재위 79년에 98세까지 장수하여 장수왕이 되었다
그러나 부왕인 광개토대왕의 위엄과 뜻을 계승하지 못하고
형제나라인 백제의 개로왕을 아차산성에서 무참하게 죽이고
백제는 웅진으로 도읍을 옮기는 등
위(魏)·제(齊)나라에 눌려
북수남하정책(北隨南下政策)으로 일관해
다음대인 문자왕·안장왕·안원왕·양원왕·평원왕 때까지
한족(漢族)에 조공(朝貢)을 바치면서 평화를 구걸했다

진시황제

진(秦)나라 제33대 소양왕의 태자 안국군과
화양부인에게는 소생이 없었다
전국시대(戰國時代) 한(韓)나라의 상인
여불위(呂不韋)가 소양왕의 비첩소생 20명
중 하나인 자초(子楚)를 찾아갔다
자초를 화양부인의 양자로 삼고자하는 계획을
말하자 자초는 여불위에게
"그대 계략이 성취되는 날에는 진나라를
나눠 그대와 공유하리라"하고 감격했다
그 후 여불위는 자초를 화양부인의 양자로 성사시키고
축하연을 베풀었다
여불위는 사랑하는 무기애첩(舞妓愛妾)이 있었는데
절세미인이었다
자초는 그녀를 보자 매혹되어 자기에게 넘기라고 했다
당황한 여불위는 자초와의 관계를 생각해
어쩔 수없이 승낙했다

애첩은 여불위의 씨를 잉태하고 있었다
애첩은 이를 숨기고 자초에게 출가해 기원전
259년에 아들을 낳아 이름을 정(政)이라 했다
세월이 흘러 소양왕이 죽고
안국군이 제34대 효문왕이 되었으나 1년 만에 죽으니

자초가 제35대 장양왕으로 등극
무기의 아들 정(政)은 태자가 되었다
기원전 247년 장양왕이 죽고
태자 정은 13세의 나이로 진나라의 왕이 되었다

기원전 221년 중국 최초의 통일국가를 이룬
진왕 정(政)은 통일국가의 제1대 황제가 되어
진시황(秦始皇)이라 했다
진시황은 군현제도(郡縣制度)를 채택하여 36개군을 설치하고
삼공십이경(三公十二卿)으로 중앙정부를 조직 지배체제를 구축했다
그리고 중국통일을 공고히 할 시책으로
도로건설·만리장성구축·아방궁축조공사와
사후 자신이 안치될 여산능까지 축조했다

분서갱유정책

한비자의 법가사상 신봉자인 시황제는
법가 출신 이사(李斯)를 등용 법가정책을
추진하면서 유생들의 반발이 시작됐다
시황제는 합병된 6국에서 편찬한 각국의
사기(史記)는 진나라를 비방하는 내용이 수록돼 있다고
진나라의 사기·농학·의학을 제외한 모든 서책을 불태웠다
유생들의 비판이 거세지자 이에 분노한 시황제는
460여 유생들을 잡아다가 생매장해 버렸다
아방궁과 여산능을 축조하는데 70만명의 형도가 사역되었다
건축자재를 각지에서 실어 나르는 등
재력과 인력이 소진돼
전국의 부호 12만호를 수도 함양으로 이주시켜
철저한 감시와 일사불란한 정치체제를 구축했다

불로장생

중국역사에 새로운 장을 연 진시황제는
현세에서 모든 욕망을 이루고
사후 궁전까지 마련한 그가 추구한 건
불로장생(不老長生) 즉 늙지 않고 오래 살고자 함이었다
전국시대로부터 동방바다 한가운데 봉래산이 있어
그 산에 불로불사의 선인(仙人)이 산다고 믿고 있었다
기원전 219년 진시황제가 천하를 순유할 때
제(齊)의 방사 서복이라는 이가
동방해상에 봉래·방장·영주의 삼신산에
선인을 만나고 오겠다고 진언해
시황제는 많은 배를 준비해 출발시켰다
그런데 도중에 강풍으로 실패하고 돌아왔다
기원전 210년 시황제는
불사의 선약을 직접 구하고자 나섰다가
산동성 평원이라는 곳에서 득병하여
돌아오는 길에 죽었으니 그의 나이 50세였다

한초전(漢楚戰)

시황제가 죽고 차남 호해(胡亥)가 제2세 황제가 되어
백성을 더욱 착취했다
숨죽이고 있던 6국의 왕족들이 총궐기했으나
정부군의 반격으로 패망했다
이때 유방(劉邦)과 항우(項羽)가 등장한다
전국시대 초(楚)나라의 회왕 진영에서는
광폭한 항우보다 온후한 유방이 적임자라 생각했다
그러나 항우를 제외시킬 수 없어
회왕은 관중(關中)을 먼저 점령하는 사람을
그곳의 왕으로 봉하겠노라 약속하였다

유방이 먼저 함양을 함락하고
궁실과 재물 보화를 보고(寶庫)에 봉하고
제후와 공동관리하면서
약법3장을 발표해 환영을 받았다
유방보다 1개월 늦게 함양에 도착한 항우는
유방에게 항복한 3세 황제와 가족을 죽이고
아방궁을 불태웠다
시황제의 여산능을 도굴하여
재화보물을 장병들에게 나눠주면서
유방에게 빼앗긴 승리를 치욕으로 생각한 그는
40만 군사로 유방을 공격했다

귀족을 대표한 항우집단과
신흥농민세력을 대표하는 유반집단의 전쟁은
한초전(漢楚戰)으로 5년간 계속됐다
최후의 백병전에서 10여군데 상처를 입은
항우는 한병의 사마 등 옛 친구 앞에서
"한나라는 내 머리에 천금과 만호의
도시를 상금으로 걸고 있다고 들었노라
나는 그대에게 덕을 베풀겠노라"하고
검을 뽑아 자살하였으니 31세 때였다

중국을 다시 통일한 유방은 제왕의 추대로
황제가 되었다
한고조(漢高祖: BC 206-195) 유방은
수도 함양을 장안(長安)으로 고치고
장군 한신(韓信)은 초왕(楚王)으로
노관(盧綰)을 연왕(燕王)으로 봉하는 등
통일 후 논공행상이 벌어졌다
유방의 나라를 전한(前漢:BC 206-AD 8)이라고 한다

위만조선 건국

어느 날 한신(韓信)은 전국시대의 습관대로 각지를 순행했다

그런데 이를 역모라 밀고하는 자가 있어

고조 유방은 한신을 포박하고

초왕(楚王)에서 강등시켰다

기원전 197년 조나라 재상 진희의 모반사건이 일어났다

고조 유방이 부재중에 한신은 진희와 내통

군사를 일으켜 왕궁습격을 계획하려다가

하인의 밀고로 체포되었다

황후 여태후(呂太后)는 무사에게 명하여

한신을 포박해 장락궁 종실에서 참수하였다

진희 토벌에 불응한 양왕 팽월(彭越)을 포박한 여태후는

그를 죽여 살점을 소금에 절여

제후들에게 나눠주는 등 중국역사상

가장 잔인한 황후로 전해지고 있다

한신·팽월이 주살되자

불안한 회남왕 영포와 연왕 노관(盧綰)도 진희의 발란에 통모했다는 혐의를 받고

흉노로 도망쳤다

노관이 도망치자

노관의 부장(部將)이던 위만(衛滿)은

부하 1000여명을 거느리고 고조선(古朝鮮)으로 들어갔다

고조선 준왕(準王)의 신임을 얻어

북방수비를 담당하던 위만은

기원전 194년에 유랑민의 세력을 기반으로

고조선의 준왕을 축출하고

평양(왕검성)에 도읍을 정하고 나라를 세웠다

위만조선(衛滿朝鮮:BC194-BC108)이다

위만조선 멸망

전한(前漢)의 제7대 황제 무제(武帝: BC141-BC87)가
기원전 108년에 위만조선을 멸망시키고
고조선 땅에 한사군(漢四郡)을 설치하였다
낙랑군·임둔군·진번군·현도군
그중에서도 낙랑군이 강성했는데
평양을 중심으로 420년간이란 긴 세월 동안
한반도에 중국문물을 옮겨놓아
우리나라는 한문화권(漢文化圈)에 속하게 되었다

고구려

한사군이 설치되고 한인들의 수탈정치가 시작되면서
한인(漢人)에 대한 저항운동이 일어나
민족적 자각이 생기고
우수한 철기문화의 도입과 더불어
여러 부족국가(部族國家)가 건설되었다
북방에는 부여(夫餘)가 송가강을 중심으로
여러 민족을 통일하고
고구려는 압록강 중류 동가강 유역을 중심으로 일어나
일찍부터 문화를 발달시켜
한나라의 군현(郡縣)을 몰아내고
강력한 세력을 구축하여
옥저(沃沮)와 동예(東濊)까지 통일하는
강대국으로 발전하게 되었다

백제·신라·가야국

한강 이남에는 전날 한인(漢人)들이
진국(辰國)이라고 총칭되던 부족연맹 사회가
마한(馬韓)·진한(辰韓)·변한(弁韓)의
삼한(三韓)을 형성하고 있었다
서쪽에는 54개 부족국가로 구성된 마한
동남지역에는 12개 부족국가의 진한
남부지역에는 12개 부족국가의 변한
이렇게 나뉘어져 있었다
후일
마한에는 백제(百濟)가
진한에는 신라(新羅)가
변한에는 가야국(伽倻國)이 건설되었다
이들 나라도 낙랑문화(樂浪文化)에 영향을
받으면서 발전하였다

탐라국

탐라국(耽羅國-濟州道)은 본래
해상유민들로 이뤄졌는데
탐라국 시조에 관하여
삼성혈(三姓穴)의 설화가 있다
삼성혈에서 양씨(梁氏)·고씨(高氏)·부씨(夫氏)의
삼신이 나와 짐승을 잡아먹으며
그 가죽을 입고 생활하였다
그러던 어느 날 동해에서 나무상자를 주워 열어보니
한 사신이 푸른 옷을 입은 세 처녀와 망아지
그리고 오곡(五穀) 종자를 들고 나와
일본국에서 온 사신이라 하였다
삼인신은 3왕녀를 취하여 살았는데
신라 때에 고씨의 후손 고후(高厚) 3형제가
신라에 건너가 각각 성주(星主)·왕자(王子)·
도내(都內)의 호를 받고
국호를 탐라국이라 정하게 되었다

전한(前漢) 멸망

유방이 세운 전한은
제10대 원제(元帝:BC49-BC33)의 왕황후(王皇后) 소생이
제11대 성제(成帝:BC33-BC17)로 즉위하면서
왕씨(王氏) 세력이 급속하게 신장되었다
왕태후의 조카 왕망(王莽)은 28세에 국정을 장악하고
제12대 애제(哀帝)·제13대 평제(平帝) 때
조정에서 왕망의 뜻을 거스르는 자가 없었다
왕망이 옹립한 마지막황제는
두 살 박이 유자(孺子:AD6-AD8)였다
왕망의 행동을 수상하게 여긴 황실종친 유숭이
종친과 제후왕의 궐기를 꾀하다가 패하면서
왕망의 권력을 키워주는 역효과가 나타났다
왕망은 서기 8년에 스스로 신황제(新皇帝)라 칭하고
나라 이름을 신(新)이라 하였다
이로써 전한은 14대 214년 만에 멸망했다

후한(後漢) 흥망

왕망(王莽)의 신(新)정권에 반란을 일으켰던 세력은
유수·유현·동마집단·적미집단·고조·대창 등이었다
이들 가운데 전한 제6대 황제
경제(景帝:BC157-BC141)의 6세손으로
남양호족 유수의 세력이 강성하였다
유수(劉秀)는 서기 25년 난국을 평정하고
후한 초대황제 광무제(光武帝:25-57)가 되어
낙양에 도읍하였다
후한은 서기 220년 196년 만에 멸망하고
위(魏: 220-265)·오(吳: 220-264)·촉(蜀: 221-2637)이 항쟁하는
중국의 삼국시대(三國時代: 220-265)가 열려
45년 동안 각축을 벌이다가
진(晋:265-420)나라로 통일했다

진나라는 서기 420년 오호십육국(五胡十六國)으로 분리됐다가
수(隨:581-619) 당(糖:618-907)으로 통일하고
다시 오대십국(五代十國) 시대를 지나
송(宋)·금(金)·원(元:1260-1370)·명(明:1368-1644)·청(淸:1616-1912) 시대로 이어졌다

여기서 원(元)·청(淸)은 몽고와 여진족의 정복왕조(征服王朝)로
중국은 원나라 110년 청나라 296년을 합해 406년간 정복당했다
우리는 일본에 36년간의 식민지 생활에서
벗어난 지 75년이 지났는데 아직도 이를 갈고 있다
건강한 100세 시대를 위해선 좀 너그러움이
뒤따라야 할 것이다

한국혁명

인류생활에 있어 대전환이 두 번 있었다
첫 번째 원시생활에서
농경·가축사육을 시작한 신석기혁명(新石器革命)이고
두 번째는 1800년대 산업혁명(産業革命)이 그것이다
산업혁명은 인류생활을 편리하고 풍요롭게 만들었다
이를 주도한 서구세력은 넘치는 힘을 해외로 발산하기 시작
제국주의시대(帝國主義時代)로 접어들었다
서세동점시대(西勢東漸時代)라고도 한다

우리는 이로부터 100여년을 고생하다가
5·16혁명의 성공으로 산업혁명을 이루었다
산업화를 달성함으로써 민주화도 이룰 수 있었고
이를 세계가 인정하고 있다
박정희 대통령의 국정운영방식을 모델로 성공한 나라는
중국 등 많은 나라에 이어 러시아의 푸틴 대통령도
첫째도 경제 둘째도 경제다
푸틴 대통령의 경제개발방식은
박정희 대통령의 통치스타일과 유사하다
이런 과정을 통해서
한국은 5천년 역사 이래 세계에 그 모습을

우뚝 드러내는 계기가 되었다
세계화시대를 살면서 자기 나라의 역사를
왜곡해 얻으려 하는 것은 무엇인가
우리의 역사를 세계반열에 올려놓고
이 기회에 혁명을 수출하는 나라가 될 수 있을 것이다
중국의 중화사관(中華史觀)
일본의 황국사관(皇國史觀)을 말하지만
정작 우리의 사관은 무엇인가
종속사관(從屬史觀)·식민사과(植民史觀)
해방 후의 좌우이념 갈등으로
우리의 사관은 모호한 흐름을 타고 오다가
사회주의가 붕괴되는 1980년대에 와서 그 끝자락에
대롱대롱 매달린 몰골들이 집권하고 있다
남의 집에서 새경일이나 하던 '머슴'들이
죽창을 들고 설치는 형상을 보는 것 같다

남쪽 장수마을

어떻게 장수하신건가요?
안 죽응께 오래 살재! 그걸 말이라고 물어?
오래 사시다보면
꼴보기 싫은 인간들도 많으셨을 텐데요
암 그랬재 그라등가 말등가 냅둬부렀재
그러자 차차 한나둘 씩 죽어불듬마
떼짱 덮고 돌아누웠당께
원수라도 짠하듬마

제4부
서세동점시대

제25대 철종 타계

강화도령 철종(哲宗:1849-1863)이 1863년 타계했다
칼 마르크스가 공산당선언을 하던 해에 왕이 되어
미국에서는 서부개척시대로 이어지고
대륙간철도가 건설되고 있을 때
안동김씨들에 의해 19세에 강화도에서 잡혀오듯 끌려와
왕이 된지 14년 만이다
이제 33세의 젊은 나이로 불귀의 객이 되어
창덕궁을 떠나고 있다
같은 해 1863년에
'죽장에 삿갓 쓰고 방랑삼천리…' 문전걸식
풍자와 해학으로 퇴폐해가는 세상을 개탄하고
저주하고 비웃던 김삿갓 김병연이
57세로 전라도 땅에서 죽었다

제26대 고종의 등극

철종의 뒤를 이어 12세의
고종(高宗:1863-1907)이 왕위에 오르자
흥선군 이하응은 대원군(大院君)에 봉해지고
대왕대비 조씨가 수렴청정을 하였다
그러나 실권을 장악한 사람은 흥선대원군(興宣大院君)이었다
44세의 흥선대원군은 세태를 잘 아는 사람
야심 또한 만만치 않았다
1800년에 등극한 순조(純祖)를 비롯해
헌종(憲宗)·철종(哲宗)에 이르기까지
안동김씨 세도정치 60년의 모든 관리들은 부패하고
궁중에 남아있는 과부들이 뒤에서 권력을 장악하고 있어
나라의 기강이 극도로 문란할 때에
흥선대원군이 등장한 것이다

운현궁의 봄

흥선대원군 이하응(1820-1898)
새로운 정책을 세우면 무섭게 밀어붙이는
그에게는 장애물이란 게 없었다
땅에 떨어진 왕권을 반석 위에 올려놓고
강력한 명령이 철저하게 실천되는
그런 정치를 원했다
양반들의 거드름에 짓눌린 백성들의 심중을 헤아려
그들의 편이 되어주고
태평성대를 누리는 세상을 만들고 싶었던 것이다
남북전쟁에서 승리한 1865년
미국의 제16대 대통령 링컨(Lincoln:1861-1865)은
“인민의 인민에 의한 인민을 위한 정부는
영원히 지상에서 사라지지 않으리라”
유명한 연설하던 때였다
바로 그해 3월 잠잠하던 운현궁에 세상이
깜짝 놀랄 일이 생겼다
“만동묘(萬東廟)를 철폐하라!”

만동묘

만동묘는 임진왜란 때 조선을 도와준 명나라
제14대 신종(神宗)을 위해 세운 사당이다
송시열이 죽을 때 권상하에게 묘를 세우게 하여
유생들과 함께 화양동에 만동묘(萬東廟)를 짓고
제사를 지냈다

서원(書院)은 관학(官學)이 쇠퇴하자
지방유생들이 공부할 곳이 없어 생겨난 사학기관으로
조선 중종(中宗:1506-1544) 때
풍기군수 주세붕이 백운동에 안향(安珦)의 사당을 세우고
백운동서원을 창설했는데
이것이 조선 최초의 서원이다
그 후 퇴계 이황(李滉)이 풍기군수로 갔다가
송나라 주자를 모방하여 서원 운영을 위한 전답(田畓)을 요청
조정에서는 기본재산을 하사하고 소수서원(紹修書院)이라 명칭했다
이때부터 서원이 발달하여 우후죽순같이
각 지방마다 국가에서 승인하는 사액서원이 700여개나 생겨났다
처음에는 글 읽는 소리가 들려왔다

숙종(肅宗:1674-1720) 때부터는 글 읽는 소리대신
국가에 대한 불평불만의 소리만 높았다
특히 송시열의 화양서원은 노론 선비들의 본거지로
그 세력은 막강하여 전국 서원의 총본산으로 변했다
그 옆 만동묘는 숭명사상(崇明思想)을 고취하는 곳으로
흥선군이 청년시절 청주 화양동에 놀러갔다가
만동묘에 참배하지 않아 곤욕을 치른 일이 있었다

화양서원에서는 묵패를 만들어 돌리면서 돈을 거뒀는데
관권 이상의 강권을 발동하면서
서원의 세력이 막강한 점을 이용하여
백성들은 그 부속으로 들어가 군역(軍役)을 면제받는 등 피해가 늘어
식자들 사이에 서원철폐가 논의되기도 했으나
집권자는 누구 하나 용단을 내리지 못하던 중
대원군이 대왕대비 조씨를 표면에 내세워
700여개의 서원 가운데 47개만 남기고 모두 철폐하였다

경복궁 중건

경복궁(景福宮)은 태조 이성계가
조선을 건국하고 1394년 한양 천도 때 지은 궁궐이다
경복궁은 1592년 임진왜란 때
선조가 의주로 피난을 떠나자
임금이 도성을 버리고 도망갔다 하여
백성들이 불을 질러버렸다
그로부터 260여 년 간 여우와 늑대의 소굴이 되어 있었다
조선왕조가 아직도 건재한데
야심찬 흥선대원군으로서는 참을 수가 없었다
그는 경복궁 중건 계획(1865-1872)을 발표하고
영건도감을 두고 곧 공사에 착수하였다

고종의 국혼

경복궁 중건공사가 진행되는
1866년 3월 창덕궁(昌德宮)에서는
소년 임금과 민 규수가 가례를 올렸다
“신랑 동향 읍(揖)!”
“신부 출(出)!”
집전관의 구령에 따라
고종은 곤룡포를 휘날리며
동쪽을 향해 우뚝 서고
이어서 대례복에 큰머리를 틀어올린
신부 민씨가 사뿐사뿐 걸어나왔다
신랑은 15세
신부는 16세였다

제국주의

1800년대 산업혁명이 유럽·미국에 파급되고
자본주의가 고도로 발달하면서
이들 선진 국가들은 후진지역으로의 진출을 꾀했는데
이를 제국주의(帝國主義)라 했다
종전의 유럽국들은 본국 공업생산에 필요한
원료·식량 기타의 물자 확보와
식민(植民)·이민(移民)의 대상지로서의
식민지를 획득하고자 하였다
이제는 자본주의가 고도로 발달하여
독점자본주의(獨占資本主義)·금융자본주의(金融資本主義)의 단계로 접어들면서
잉여자본(剩餘資本)이 축적되었다
잉여자본을 투자할 곳을 찾아
후진지역으로 눈을 돌리게 되었고
아시아·아프리카의 후진국들은
이들의 원료 공급지·투자대상 지역이 되었다

사회적 다윈주의

1859년 다윈(Darwin)은 『종의 기원』을 간행 생물의 진화의 사실을 제시하고
'자연도태설(自然淘汰說)'을 수립했다
생물은 항상 생존경쟁을 한다며
특히 '적자생존'을 주장했던 생물학의 다윈주의가
모든 생물 심지어는 인간에게까지도 적용되는
일반법칙으로 인정돼 사회적다윈주의로 전환되면서
유럽인들은 미개한 아시아·아프리카인들에게
문명의 혜택을 전하고
이들을 인도하여 야만인으로부터 벗어나게 만드는 일이
자신들의 임무이자 신이 부여한 의무로 생각하기에 이르렀다
특히 기독교를 신봉하는 유럽 국가들은
창조주 하나님과 예수의 구원을 전파하는 것이
자신들의 소명이라 믿고 있었다

밀려오는 선교사

선교사 뒤에는
보다 많은 이윤을 얻으려는 기업가가 따라다녔고
자리잡은 기업가들은
보다 많은 특권과 기업의 안전을 원했다
기업의 진출이 결과적으로 해당지역을
그곳의 토착문화와 지배세력의 강약에 따라
보호령·식민지로 전락시켰다
이 같은 국제사회의 냉엄한 현실을 어렴풋이 느끼게 된
흥선대원군(興宣大院君)이 경복궁 중건사업을 추진하던
1866년 당시 조선에 입국한 프랑스 선교사는 12명이었다
이들을 숨겨주고 교리를 따르던 신도는 23,000명으로
그 가운데는 부대부인 민씨와
고종의 유모였던 박소사와 그의 남편 홍봉주
그리고 남종삼 등이 있었다

천주교 탄압령

러시아는 발칸반도와 흑해를 통해
지중해로 진출하려던 꿈이 열강들에 의해 저지당하자
조선 땅을 넘보고 있었다
이 소문은 장안의 민심은 흉흉하게 했다
천주교 신도들은 선교의 자유를 얻어내는
좋은 기회라 생각하고 글을 올렸다
"러시아인을 물리치는 유일한 해결책은
프랑스·영국과 동맹을 맺고 주교의 힘을
빌린다면 이는 쉽게 해결될 것이…"
남종삼·박소사·홍봉주는 운현궁에서 대원군과
대좌하는 자리에서도 그랬다
그러나 베르누 주교는
정치에 관여할 생각이 없다고 거절하였다
"나를 기망해? 괘씸한지고!"
대원군은 1866년 병인년에 천주교 탄압령을 내려
프랑스 선교사 12명 중 9명이 학살되고
수천 명의 천주교 신도가 처참하게 죽었다
이게 '병인사옥(丙寅史獄)'이다

병인양요

병인사옥 때 탈출에 성공한 리델 신부는
중국 천진에 있는
프랑스 극동함대 사령관 로즈 제독에게 보고하고
로즈는 목조군함 3척을 편성 황해를 건너
초지진 앞바다에 도착
인천 앞바다를 거쳐 양화진·서강까지 올라오자
서울 도성은 공포의 도가니였다
조정에서는 어영중군 이용희로 한강을 지키게 했다
여의도 국회의사당 뒤까지 왔던 프랑스 함대는
그들의 병력으로는 도성 공격이 어렵다고 판단
지형정찰만 하고 퇴각했다

1866년 10월 7일 7척의 군함을 이끌고
물치도 근처에 다시 나타나
갑곶(甲串)과 강화부를 점령
군기와 양식·서적을 약탈했다
조정에서는 이경하·이기도 등 용장을 뽑아
서울·양화진·통진·광성진·부평·제물포 등
요소의 문수산성·정족산성에 배치하고
프랑스군을 공격해 50여명의 사상자를 내고 도주케 했다
프랑스군은 장녕전(長寧殿)을 비롯

여러 관아에 불을 지르고 11월 8일 청나라로 퇴각했으니
이를 병인양요라고 했다
흥선대원군은 쇄국양이정책(鎖國洋夷政策)을
더욱 고집하고 천주교 탄압에 박차를 가해
처형된 천주교 신도는 8,000명에 달했다

프랑스함대의 강화도 약탈이 있던
1866년 7월 미국의 상선 셔먼호가 대동강을 거쳐
평양에 들어와 통상을 요구했다가
백성들의 화공포격으로 셔먼호에 불을 질러
백인들이 모두 타죽은 사건이 발생했다
미국 측에서는 셔먼호의 행방을 수소문하다가
5년 후인 1871년에 알게 되면서
신미양요를 일으켰다

메이지유신

1867년 고메이 천황(孝明天皇)의 뒤를 이어
메이지천황(明治天皇:1867-1912)이 즉위했다
도쿠가와(德川) 막부를 타도하고 정치권을 환수한 그는
에도(江戶)를 도쿄(東京)로 개칭
그곳으로 천도하였다
1868년을 메이지 원년으로 정한 일본은
본격적으로 메이유신(明治維新)을 시작했다
부국강병(富國强兵)의 슬로건으로
1871년에 이르기까지 다이묘오는 소유지를 몰수당하고
무사계급은 폐지되었다
사회적 평등과 개인행동의 자유가 선포되는 등
일본을 서양수준에 맞추어 재창조하려는 노력이었다
메이지유신은 일본 근대화의 출발점이자
일본 역사에서 가장 중추적인 사건의 하나가 되었다

외로운 중전 민씨

중전 민씨는 민치록의 딸로
여주군 근동면에서 9세에 부모를 잃고
가정이 빈곤하여 가난하게 자랐다
하지만 재주가 비상하기로 널리 알려진 규수였다
외척들의 세도정치를 미워하면서
고종비(高宗妃) 물색에 골몰하던 대원군에게
부대부인 민씨의 추천으로 중전이 된
민규수(閔閨秀)는 대궐에 들어와서도
외롭기는 마찬가지였다
대례를 치르고 신방에 들어간 중전은
이제 임금과 살을 섞으면 국모(國母)가 되는 것이다
그러나 애타게 기다리는 중전 민씨에게
손끝 하나 건드리지 않는 임금
"마마 잠이 드셨사옵니까?"
"아직 자지 않았구려 밤도 깊었으니
어서 잠을 청해보시오"
고종의 차가운 대답에 중전은 서러움이
복받쳐 올랐다
아예 돌아 누어 신부에게 등을 보이는 임금이었다
"곡절이 있으리라"
첫 날밤을 이렇게 지낸 중전은
두 주먹을 불끈 쥐고 내일을 설계했다

첫 날밤을 뜬 눈으로 지새고 일어나
웃전에 문후인사를 마친 중전은 한상궁을 불렀다
문갑을 열어 보석함을 꺼내놓고는
옥가락지 하나를 집어 한상궁에게 내밀었다
“한상궁! 외로운 나를 도와준 정성에 대한 보답이니 받아 넣게나
그리고 앞으로 궁궐 안팎의 실상을 소상히 알려
나를 좀 도와주도록 하게”
“내 앞으로는 자네를 상궁이라기보다
친동기처럼 믿고 지낼 터이니라”
중전 민씨는 고종이 혼례 전부터 이귀인이란
궁녀를 총애하고 있다는 사실을 알아냈다

우롱당한 기분

18세의 이귀인(李貴人)
100여 명이나 되는 궁녀들은 거들떠보지도 아니하고
유독 이귀인만을 사랑한다는 사실과
대왕대비 조씨와 운현궁 내외분도
그녀에게 선물까지 보내면서
흐뭇해한다는 사실도 알게 되었다
운현궁 부대부인 민씨는
시어머니이기 전에 12촌 언니로서
자기에게 그럴 수는 없다고 생각했다
배신당하고 우롱당한 기분이었다
그러나 중전의 위치를 돈독하게 다져놓으면
그 다음에는 두려울 것이 없을 것이다
호랑이 같다는 시아버지 국태공의 위세도
중전의 자리만큼 높지는 못하리라
이렇게 생각한 중전은 이귀인을 내전으로 불렀다
"네가 이귀인이더냐?"
"예 중전마마 진작 찾아뵈었어야 하오나
이제사 부르심을 받잡고 오게 되어 황공하옵니다"
"내 너를 꾸중하려 부른 것이 아니니 두려울 것 없느니라
네가 상감마마를 극진히 보살폈다 하니 고마운 일이구나"

"중전마마 미천한 것이
먼저 지체 높으신 상감마마를 받들어 모시게 되었음을 사죄하옵니다
용서하여 주옵소서"
"아니다 일찍이 궁궐에 들어와
쓸쓸하게 지내신 상감마마를
네가 알뜰하게 보살펴 드렸다니
얼마나 고마운 일이더냐
그것을 치하하려는 것이니라
앞으로도 상감마마를 극진히 받들어 모시도록 하여라 알겠느냐?"

완화군의 탄생

일본에서 명치유신이 시작되던 1868년 4월
고종의 총애를 받던 이귀인이 원자아기를
낳았다는 소문이 궁궐에 퍼지자
외세의 빈번한 침입으로 고심하던 조정에 희색이 돌았다
완화군(完和君:1868-1880)이 태어난 것이다
대원군 내외도 고종을 배알하고 축하했다
만조백관들도 앞 다투어 경축 인사를 했다

대원군 내외가 중전의 마음을 아프게 했다
더구나 중전의 후덕함을 칭찬하던 대왕대비 조씨까지
이귀인 쪽으로 기울고 있었으니
중전 민씨의 외로움은 더했다
흥선대원군은 외척 세도정치의 폐단을 원천적으로 봉쇄하기 위해
며느리를 보잘것없는 집안에서 데려다놓고
하찮게 내버려두었고
혼인 초야부터 지아비의 사랑을 빼앗긴 외로움과
왕자를 잉태하지 못해 받은 설움 등이
중전 민씨로 하여금 정치로 눈을 돌리게 하였다
중전의 위치와 중전의 권세로
응당 누려야 할 자신의 몫을 챙길 수 있는 총명함이

있는
중전으로 자라게 했으며
중전의 반발은 정치에 안목이 트이면서
대원군의 실책을 예리하게 비판을 가하기 시작했다
그러던 차에 세자책봉에 충격을 받아
국태공을 제거할 결심까지 하게 이르렀다

대원군의 실정

흥선대원군이 국권을 장악하면서
주목할 만한 혁신정책 중
양반과 상놈의 사회적인 신분의 구별을 폐지시킨 일은
놀라운 업적 중에 하나다
흥선대원군은 분명 시대가 요구하는 용감한 정치가였다
그러나 지나친 용맹으로 인해 실정도 많았다
오랜 학정에 시달려온 백성들에게
경복궁 중건사업이란 거대한 토목공사를 벌여
민생을 도탄에 빠뜨린 일과
외국실정에 어두워
철저한 쇄국정책을 미련할 정도로 밀어붙여
서방 세력과의 알력을 조성했던 일은 큰 실책이었다
집정 초반의 과감한 개혁선풍은 서민들의
절대적 지지를 얻는데 성공하였으나
세월이 흐르면서 백성들은 그의 독단에
염증을 느끼기 시작하였다

중전과 민승호

어느 날 중궁전으로
양오라비 민승호(閔升鎬:1830-1874)가 찾아왔다
이조참판 민승호는 대원군의 처남으로
부대부인 민씨의 권유로 민치록의 양자가 되면서
중전의 오라비가 된 사람이다
“마마 뭐라 위로의 말씀을 올려야…”
“오라버니 내 나이 이제 19세이옵니다
얼마든지 왕자를 낳을 나이입니다”
“마마 고정하십시오”
“오라버니는 국태공 늙은이의 처사가 옳다고 생각되어
세자책봉을 막지 못하셨습니까?”
“마마 2년만 참으십시오
상감께서 성년이 될 때까지만 기다려 주십시오”
민승호는 불만 세력을 포섭하여
적절한 시기에 대원군의 실정을 탄핵하는
상소문을 준비하고 있었다

대원군의 퇴각

중전 민씨와 민승호의 밀담은 계속되었다
"불만이 많은 유생을 포섭한다 하셨는데?"
"경기도 포천의 최익현(崔益鉉)이옵니다"
"그 사람은 어떤 사람입니까?"
"청념결백한 사람으로
한때는 국태공 저하께 발탁되어
사헌부의 장령으로 있었으나
국태공 정책에 불만을 품고 스스로 벼슬을 버리고
고향으로 내려간 사람입니다"
"훌륭한 선비로군요"
"보기 드문 선비이옵니다 지금은 포천에서
후진양성에 힘쓰고 있사옵니다"
중전 민씨는 계속하여 국태공의 집권7년간
선정보다 악정이 더 많다는 점
경복궁 중건의 후유증
외교정책의 실패 등등 실정을 토로하였다
민승호는 놀랐다
이 정도의 탁견이라면 국모와 손을 잡아도
분명 성공할 수 있다는 소신을 갖게 했다

완화군의 탄생으로 이귀인 처소는 웃음이
가득했으나 중궁전은 냉기만 감돌뿐이었다

책을 벗하여 울분을 삭이고 있는 중전은
마음을 가다듬어 요저숙녀가 되자고 작심하고
어느 날 저녁수라를 물린 후
“마마 요즘 항간에는 섭정 대원군을 욕하고 다니는
무리가 많다고 하옵는데
마마께서도 아시고 계시옵니까?”
“경복궁 중건으로 그렇다는 말은 들었소만”
“마마 불평 정도가 아니라 도탄에 빠진
백성들이 민란을 준비한다는 소문까지…”
“무엇이라고요? 민란?”
중전은 그 당위성을 역설하였다
중전의 열변에 귀를 기울이던 고종은
고개를 끄덕이고 있었다
“허나 좋은 방도가 없질 않소?”
“승호 오라버니는 마마의 명이라면
목숨도 내놓을 분이옵니다
소첩이 오라버니와 논의해도 좋겠사옵니까?”
“중전 이런 일은 은밀하게 하셔야 합니다”
중전은 내심 쾌재를 불렀다
정치에 둔감했던 고종은
중전의 계략이 고마웠고
아내의 충절이 믿음직스러웠다
하늘을 보아야 별을 딴다고 했던가

이후 중전의 잉태소식이 전해지자

대궐에는 기쁨이 넘쳐흘렀다
1871년 미국상선 셔먼호 사건으로 발생한
신미양요(辛未洋擾)를 승전으로 끝낸 대원군은
양이(洋夷)에 대한 적개심을 고취
척화비(斥和碑)를 여러 곳에 세우는 등
기세등등하게 쇄국정책을 더욱 강화했다
이때 중전 민씨의 첫 아기가 탄생했다
"마마 옥동자이옵니다"
그러나 기쁨은 잠시
기이하게도 항문이 없는 왕자였다
장안의 명의들을 불러들였다
이들의 주장은 칼로 째어 항문을 만드는
것만이 최선의 방법이라 했다
그러나 대원군이 이를 반대했다
"저런 못난 위인들 같으니라구! 금지옥엽
갓 태어난 아기에게 칼을 대다니 안 된다"
대원군이 내린 산삼을 먹고
아기는 3일 만에 숨을 거두었다
후궁소생의 왕자를 일찌감치 세자로 책봉한
대원군이었으니 그럴 만도 했다

슬퍼하고만 있을 중전이 아니었다
훌훌 털고 일어나 증오와 복수의 칼을 갈았다
정치에 관여하면서 아픈 상처를 달래는
중전 민씨는

대원군의 장남 이재면(李載冕)과
대원군의 친형 이최응(李最應)을 포섭
자기편으로 하고
민씨 일족을 요소요소에 앉혀 실권을 장악했다
이를 알게 된 대원군은
며느리와 정면대결을 결심하고
천·하·장·안을 앞세워 경복궁으로 향했다
이들 천희연·하정일·장순규·안필주는
흥선군 시절 파락호 친구들로 집권 후
운현궁 청지기로 일하면서
대원군이 죽으라면 죽는 시늉까지 하는 충복들이다
대원군은 섭정의 자리에서 내쫓기게 된 것보다
며느리에게 당한 것이 분하여
대왕대비궁으로 달려간 것이다
"아니? 안동김씨가 역적모의라도 했단 말이오?"
"안동김씨가 아니라
여흥 민씨들이 요소요소에 앉아있사옵니다 마마"
"대감 중전은 대감이 데려온 규수가 아니오?
그 외척이란 사람들도 모두 대감의 처가댁
사람들이 아니오?"
"그렇사오나 신은 그들을 등용한 사실이 없사옵니다"
"그렇다면 상감께서 등용하신 게로군요"
"바로 그렇사옵니다 아직 유충하신 상감께서
중전의 농간에 넘어간 것이옵이다"
"그렇다면 섭정 대감께서는 그간 무엇을 하시었소?

중전이 나이는 어려도 예의범절에 밝으니
염려하지 않아도 될 듯합니다 대감"
혹을 떼러 갔다가 혹을 붙인 꼴이 됐다

대왕대비궁에서 있었던 일을
중전이 고종에게 그 전모를 설명할 때
임금 폐위론으로까지 확대되었다
"아버님이 나를?"
"마마 뉘 앞이라고 거짓을 아뢰겠습니까?
대왕대비마마께서 호통을 치셨기에 망정이지
상감과 신첩은 무용지물이 될 뻔하였사옵니다"
반신반의하는 고종의 용안에 슬픔과 분노가 역역했다
1873년 6월 상소문이 올라왔다
국가원로 흥선대원군은
지난 10년간 성상을 잘 보필하신 공로를 높이 치하하시고
그의 고단한 심신을 위로하시와
국태공을 대로(大老)라는 존칭으로 부르심과
동시에 편안히 쉬실 곳을 마련해드리라는
고도의 정치술수의 글이었다
"그 뜻이 과연 좋구려
이후로는 국태공을 대로로 존칭할 것을 만방에 선포하시오"
고종은 운형궁으로 전지를 보냈다
전지를 받아 든 대원군의 고함소리가

담장 밖으로 흘러나왔다
부대부인 민씨는 대원군의 앞을 막아서며
눈물로 호소하였다

중전 민씨의 계획은 착착 진행되고 있었다
최익현을 불러다가 그로 하여금 대원군의
실정을 낱낱이 적어 임금께 올리게 했다
“섭정 대원군의 과거 10년 치적을 살펴
감히 성상전에 올리옵니다
우선 경복궁 중건으로 인한 과대한 부역은
백성들을 지치게 했으며
원납전·호포세·당백전·문안통과세 등의 잡다한 세금 제도는
백성들의 배를 주리게 하였사옵니다
그러함에도 조정에서는 아직 그 해결책을 찾기는커녕
매관매직을 일삼고 있사오며…
전하의 친정으로 다스리지 않고는
누구도 해낼 수 없는 일이오니 통촉하여 주시옵소서”
상소문을 받아본 고종은 이러한 충간을
호소하는 신하가 있다는 사실에 흡족하였다

그러나 대원군 측근인 우의정 한계언·좌의정 강노가
최익현의 상소문을 공박하고 나섰다
마음이 유약한 고종은 어려운 여건에서
자신을 권좌까지 올려놓은 아버지인데 하며

생각을 바꿔 최익현을 친국하기 시작했다
"이놈 너는 어찌하여 그따위 망발로 부자지간의
의리를 끊으려 하느냐!"
그러나 그의 성품도 그러려니와 뒤에는
중전·민승호·대왕대비의 조카 조성하가 받치고 있으니
고종의 격노에도 한치의 흐트러짐이 없는 최익현이
었다

경복궁 건추문 앞에서는 대원군의 입궐을 막는
문직이와 소란을 치고 있었다
"에잇 찢어죽일 놈들 제깟놈들이 감히…"
대궐 밖의 대원군과는 달리
대궐 안에서는 중전이 대왕대비 조씨의
언문교지를 받아들고 나오고 있었다
"이후로는 섭정을 폐지하고
국태공은 나라의 대로로서 그 존호를 높이어 대우할
것이며
중죄인 최익현은 제주도에 위리안치시킬 것을 명하
노라"
친국 중에 중전은 언문교지를 들여보냈다
언문교지를 받아든 고종의 손이 떨렸다
이때가 1873년 고종의 보령은 22세 중전은 23세였다
중전 민씨가 54세의 시아버지
흥선대원군을 내칠 때의 일이다

순종의 탄생

1873년 11월 3일 고종의 친정(親政)이 시작되었지만
실권은 중전 민씨에게 있었다
영의정 이유원·좌의정 이최응·우의정 박규수를 제수하고
육조판서는 민씨들로 채우고
서원의 만동묘·화양서원을 복원하여
대원군의 권세를 만천하에 짓밟았다
외교정책도 쇄국정책을
개화노선으로 받아들이면서 출발하였다
1874년 중전 민씨(24)가 왕자 척(拓-純宗)을 낳았으니
무병장수를 기원하기 위해 굿을 벌이고
명산대찰에 불공을 드렸다
사간원과 대사헌에서 반대를 했다
"무슨 말들이 그리 많소?"하면서
시아버지의 재기를 막기 위해
궁궐 수비에도 막대한 돈을 뿌리는 중전이었다
대원군은 운형궁을 떠나
양주 곧은골로 내려가 운둔생활을 시작했다

폭사한 민승호

1874년 양주에서
재기의 꿈을 버리지 못하고 있는 대원군에게
천·하·장·안이 그간의 소식을 잔뜩 가지고
곧은골(直谷)을 찾아갔다
"대감마님 큰일이옵니다
민승호가 정권을 한손에 쥐고 천하를 휩쓸려 하옵니다"
"승호놈이?"
그 후 며칠이 지났다
일찌감치 퇴청한 민승호는
노모와 함께 이야기를 나누고 있었다
그때 밖에서 하인의 소리가 들렸다
"예 방금 스님 한 분이
이걸 대감마님께 드리라 하였습니다"
민승호는 이즈음 세도가 좋아서
선물이 많이 들어왔던 터라
별 생각 없이 선물을 받아들었다
외아들이 풀어보라고 재촉하는 가운데
노모도 신기한 듯 상자를 바라보면서
세 사람이 머리를 맞대고 상자 뚜껑을 여는
순간 '꽝"하고 터져 모두 폭사했다

세자 책봉

민승호의 폭사사건으로 충격을 받은 민씨들은
민태호의 아들 민영익(閔泳翊)을 민승호의 양자로 들였다
양주의 대원군은
서장자(庶長子) 이재면을 보위에 올려놓으려는
음모가 있다는 정보를 접한 중전 민씨는
왕세자 책봉을 서둘렀다
그러나 세자로 책봉되어 있는 완화군을 밀치고
중전 소생의 왕자 척(拓-純宗)으로 바꾸는
일은 그리 쉬운 일이 아니었다
청나라의 허락을 받아야 하기 때문이다
그래서 일본의 힘을 빌리기로 계략을 짜고
청국으로 들어갔다
그런데 청의 제11대 광서제(光緖帝:1874-1908)는
쉽게 양해해주었다
이때 광서제는 4세로 큰어머니인 서태후(西太后)가
정무를 전결할 때였다
왕실의 대통을 질서 있게 계승하기 위해
적자와 서자의 신분이 엄격해야 한다는 것이
서태후의 생각이었기 때문이다

제5부
명성황후

강화도조약

세자의 책립례가 있던 1875년
유생들의 빗발치는 상소문으로
조정에서는 사태가 험악해지는 것을 꺼려
대원군을 운현궁으로 돌아오게 하였다
3년 만에 귀환이었다
대원군은 며느리 중전이
일본과 손잡고 있는 게 못마땅했고
이재선을 보위에 앉히려했다

일본은 세자책봉 문제가 원만하게 처리된 것을
마치 자기들의 공인 양 수호조약을 강요하면서
1875년 8월 운양호(雲揚號)사건을 일으켰다
일본은 대원군 일파가 세력을 회복하기 전에
조선에서의 발판을 구축하려고
군함 3척을 조선 연해에 파견했다
강화도 남방 난지도 부근에 운양호를 정박시켜 놓고
먹을 물을 구한다는 구실로 초지진포대까지 왔다
조선의 수병은 총포격을 가했다
일본군은 보복적인 맹포격으로 초지진을 파괴한
다음 영종진까지 포격을 가하고 육전대를
상륙시켜 살인·방화·약탈을 했다

영종진 수병 500명은 패주하고 전사자 35명
포로 16명·대포 36문·화승총 130정 등
무수한 장비를 약탈당했다
일본 측은 2명의 사상자를 냈을 뿐이다
결국 1876년 2월 26일 조선과 일본 사이에 체결된
강화도조약(江華島條約)은
일본의 위협에 의한 불평등조약이었다
이 조약에 의해 일본은
조선 침략의 첫발을 내딛게 되었다

신사유람단

1880년 조선 조정의 중신회의에서는
지난날의 무모한 쇄국(鎖國)을 반성하고
문호개방의 공식적인 의사표시를 하게 됐다
1876년 일본의 강압적으로 강화도조약이 체결된 이래
멱살을 잡혀 끌려 다니던 개방정책에서 진일보하여
능동적으로 개방을 택한 셈이다
1880년 완화군이 13세로 급사했다
중전 민씨의 음모라는 소문이 도는 가운데
일본공사는 중전의 환심을 사기 위해 온 정성을 쏟았고
개화정책을 수립한 고종은
1881년 영선사 김윤식 일행 69명을
청나라 천진에 보내 군기제조를 견학케 하였다
박정양 등 12명의 신사유람단(紳士遊覽團)은
수십 명의 수행원을 대동하고
4개월 간 일본에 체류하며
문교·내무·농상·외무·대장·군부 등
각 관청의 근대적 시설과 각종 산업시설을 시찰케 했다

별기군

1881년 조선에 와 있던 일본공사 하나부사는
소총을 기증하면서
무기가 허술하고 군대의 무술이 유치하다고
군제 개편을 건의해왔다
조정은 별기군(別技軍)이란 신식군대를 조직
공병소위 호리모토를 교관으로 초빙해
100여 명의 별기군을 훈련시켰다
별기군은 구식군인보다 복장이 화려하고
월등하게 많은 급료를 받는 등 특별대우를 했다
별기군 교련사에 민영익(21)이 기용됐다
민영익은 폭사한 민승호의 양자로
개화파는 이를 중심으로 개화정책을 추진했다

당시 사회 분위기는 별기군에 대해 호의적이었으나
구식군인들은 특별대우를 받고 있는 별기군에 대해
상대적인 빈곤감과 열등의식으로
불만의 싹이 커지고 있었다

임오군란

유생(儒生)들의 개화반대운동이 일어났다
조정에서는 개화사상을 들여온 김홍집을 파직했으나
유생들은 범국민운동으로 이끌어가고 있었다
재기를 노리던 대원군은 이를 계기로
자신의 서자 이재선을 임금으로 옹립할 음모를 꾸미다가
이풍래의 밀고로 무산돼
유생 40여명이 참형당하고
이재선은 제주도에 유배되었다가
1881년 10월 고종이 내린 사약을 받고 죽었다

사회불안은 여전했다
중전은 허약체질인 세자를 위해
막대한 비용을 지출
금강산 1만2천봉에 봉우리마다
돈 1천 냥과 쌀 한 섬 그리고 한필의 군포를 공양했다
대궐에는 무당과 점쟁이들이 무상출입
풍악소리와 웃음소리가 그칠 날이 없었다
문제의 임오년(壬午年-1882)이 되었다
4월 미국과 통상조약을 체결한데 이어
영국·독일과도 수호통상조약을 체결했다
이는 청국 이홍장이 일본을 견제할 목적으로

주선한 결과였다

대외정책이 급변하자 대원군은 못마땅했다
조정에서는 재정난으로 관료들의 급료를
6년 동안이나 지급하지 못했으며
군인들에게 13개월분의 급료를 주지 못했다
별기군 창설은 군 내부의 위화감을 초래
선혜청에서는 그 선무책으로
구식군인에게 1개월 분의 급료를 지급했다
"응 돌맹이 아냐? 이걸 쌀이라고 주시오?"
"싫은 사람은 놓고 가시오! 배가 불렀군!"
창고지기들의 빈정거림은 군인들의 감정을 자극했다
삽시간에 창고 문전은 아수라장이 되었다
창고지기들은 늘씬하게 얻어맞았다
임오군란의 발단이었다
쌀을 나눠주던 사람들은 세도가 민겸호의 하인들이었다
민겸호는 군인들을 폭력죄로 하옥시켰다
군인들은 무위대장 이경하의 집에 몰려가
민겸호의 불법을 호소하고
무죄석방을 요청하는 이경하의 편지를 들고
군인들은 민겸호의 집으로 달려갔다
그런데 봉급미를 지급하던
문제의 관리를 발견한 군인들은 닥치는 대로 죽이고
집을 쑥대밭으로 만들었다

누군가가 "운현궁으로 가자!"고 소리쳤다
"여러분! 우리들이 살 길은 대원위대감을
받들어 모시는 길밖에 없소이다!
우리가 세상을 뒤집어봅시다!
운현궁으로 갑시다!"
대원군은 기다렸다는 듯이 이들을 영접했다
"대원위대감! 이 부패한 나라를 바로 잡아 주십소서"
"여러분은 나를 믿고 따르겠는가?"
운현궁을 빠져나온 난군들은
군기고를 습격 병기를 탈취하고
강화유수 민태호를 비롯 친인척 집을 부수고
별기군 병영에 들어가 일본교관 호리모토를 죽였다
난병은 난민과 합류해 일본공사관에 방화하고
일본인 13명을 살해했다
다음날 이들은 기세를 올려 대원군의 친형
영돈령부사 이최응을 죽이고 창덕궁으로 몰려갔다
사태가 험악하자 고종은 대원군을 불러들였다
대원군은 즉각 입궐했다
이때 대궐에 난입한 난군은 입시해 있던
민겸호와 경기감사 김보현을 살해하고
여세를 몰아 중궁전(中宮殿)을 덮쳤다
중전의 얼굴을 알 리 없는 이들은
여자들을 닥치는 대로 죽였다
"저쪽이다! 저기 도망가는 여자가 민비다!"
중전 민씨는 재빨리 궁녀의 옷으로 바꿔 입고

한상궁과 함께 뒷문으로 빠져나가다가
덜미를 잡혔다
파랗게 질린 32세의 중전은 오돌오돌 떨었다
“네가 민비(閔妃)지?”
이 광경을 지켜보고 있던 무예별감 홍재희가
잽싸게 달려왔다
“그 여자는 내 누이 홍상궁이다 다치지 말라!”
그러는 사이 중전은 사린교를 타고
남문쪽으로 도망쳤다
홍재희는 사색이 된 중전 민씨를 등에 업고
대궐문을 빠져나와
안국동 윤태준의 집으로 피신시켰다
중전 민씨는 해가 지자 흥인문을 지나
망우리 고개를 넘어 배를 타고 광나루를 건너
경기도 여주에 당도했다
다시 충주 장호원으로 가 민응식의 집에서
은둔생활을 시작했다

국상선포

고종은 입궐한 대원군에게 국정을 일임했다
"아버님 그동안 일을 용서하시고 소자를 도와
이 난을 평정하여 주옵소서"
고종의 나이 31세였으나
임금으로서의 기품이 없었다
대원군의 위세에 눌리고 중전의 치마폭에 싸여
자기의 뜻을 펼쳐보지 못한 임금으로서
위기상황을 극복하기를 바랄 수는 없었다
"진정으로 하는 소리냐?"
"예 아버님!"
"네가 아직 애비의 정을 잊지 않고 있다니 고맙구나"
대원군은 아들이 상감이라는 사실도 잊은 듯 불손했다
대원군은 즉각 며느리의 행방을 탐지하라는 엄명을 내렸다
군인들은 장안은 물론 성문 밖까지 뒤졌으나
중전의 행방은 묘연했다
"중전은 난군의 손에 이미 승하하셨으나
다만 시신을 찾지 못하고 있는 것이니
군사들은 일단 해산하라!"
대원군은 조정의 반대를 무릅쓰고 국상(國喪)을 선포했다
이는 중전이 탔던 사린교가 부서진 것을 핑계로

중전의 장례를 치르고 나면 설혹 중전이 살아 있다 해도

재기가 어려울 것이란 계산에서였다

대원군은 구식군사들의 요구대로 별기군을 해산하고

친일세력을 축출했다

조정에는 대원군 측근 세력을 대거 등용하고

군사·재정의 요직은 큰아들 이재면에게 맡기고

매사를 독단으로 처결했다

중전의 환궁

중전의 사망을 믿지 않은 인사들은
영선사로 천진에 가 있던 김윤식에게 통지하여
청국의 원조를 요청토록 하였다
청국은 일본을 견제할 구실을 찾고 있던 중
김윤식의 청원을 즉각 받아들였다
정해창·마건충·오장경·원세개 등을 선봉으로 하고
군함과 45,000의 군사를 거느리고
남양만에 주둔하면서 감시체제에 들어갔다
해군제독 오장경은 서울 근처에서
조선 내정에 간섭하였다

일본의 입장에서 본다면
어렵게 중전을 협박하여 강화도조약을 체결했는데
난데없이 군란이 일어나
쇄국주의자 대원군이 집권하면서
일본을 무시하니 큰일이었다
일본공사 하나부사는 본국에 보고하고
군함 파견을 요청했다
일본은 즉각 군함 4척에 군인을 가득 태워
인천항으로 들어왔다
남양만에는 청군이
인천항에는 일본군이 정박하게 되었다

서울 장안에는 전쟁분위기였다

대원군은 일본의 요구를 즉각 거절하고
마건충에게 서한을 보내 조정역할을 요구했다
마건충은 기다렸다는 듯이
즉각 육해군 300명을 이끌고 서울에 입성했다
일본이 염려하던 일이 벌어진 것이다
마건충은 대원군을 이용 조선에 대한 우위권을
일본으로부터 찾으려는 속셈이었다
그러나 대원군의 고집을 꺾을 수가 없었다
마건충은 차선책으로 장호원에 있는 중전 민씨로부터
"대원군을 청나라로 호송 난국을 타개하라"는
밀서를 받아들고 있었다

임오군란이 일어난 것은 1882년 6월 9일
7월 12일 청국의 마건충은
군사를 거느리고 운현궁을 방문해
성대한 연회로 환대를 받았다
마건충은 이에 대한 보답으로
대원군을 성 박 청군병영으로 초대했다
오후에 대원군은 수행원을 대동하고
청군 병영으로 찾아갔다
마건충은 "대공은 외교가 서투른 듯싶소
오늘 남양만에서 배를 타고 천진에 가서
황제의 유지를 받음이 어떠시오?"하면서

준비한 보교에 대원군을 태워
남양만으로 데리고 가 즉시 천진으로 갔다
대원군은 7월 29일 이홍장을 만났다
이홍장은 죄인 다루듯 임오군란의 책임을 물어
8월 16일 보정부(保定府)로 호송해
대원군의 감금생활이 시작됐다

대원군을 납치한 청군은
경복궁을 엄격히 경비하는 가운데
고종은 유고문을 발표하고 계엄상태에 들어갔다
중전 민씨는 뛸 듯이 기뻤다
중전은 8월 1일 청나라 군사들의 호위를 받으며
피신 50여일 만에 환궁하였다

사신을 파견한 중전

환궁한 중전 민씨는 공이 많은 신하들을 포상하고
민씨 척족들을 다시 기용했다
정국이 안정되어 가자 사신을 보냈다
청국에는 이조판서 조영하·김홍집·이조연을 보내
청군파병과 대원군에게 내려진
관대한 처분에 감사의 뜻을 전했다
일본에는 철종의 딸 영혜옹주의 남편 박영효가 수신사로
부사에는 김만식·김옥균·홍영식·서광범·서재필·민영익 등
젊은 개화파 인사들을 보냈다
이때 개화파 인사들이 배안에서
박영효의 제안으로 태극기를 제작
최초로 국기를 사용하게 되었다

진지 드셨습니까

문화생활은 고사하고
먹고 살기가 어려웠던 세월을 살면서
자연스럽게 생겨난 인사말이 있다
"진지 드셨습니까?"
"밤새 안녕하셨습니까?"
밤에 굶어죽는 사람이 많았다고 했다
1884년 갑신정변을 전후해서
외세의 힘겨루기 각축장이 되었던
조선 땅에는 정치 불안이 고조되었다
먹을 것을 찾아 10여만 명이상이
만주로 줄줄이 떠나고 있었다

천진조약

개화파의 주동 인물은 모두 소장파들이다
김옥균(34)·박영효(24)·서재필(29)·홍영식(30)·서광범(26) 등
청국이 월남의 지배권을 둘러싸고
프랑스와 전쟁에 빠져
남양만에 주둔했던 병력을 화남으로 집결시키려
6개대대 중에서 절반을 철수시켰다
이 기회를 틈타 1884년 12월 4일 일본과 내통하여
일으킨 정변이 갑신정변이다
갑신정변(甲申政變)은 3일천하로 끝났다
친일내각을 3일천하로 막을 내리게 한 원세개는
"필전(必戰)의 기세로 나가면 화평을 맞을 수 있으나
필화(必和)에 매달리면 전쟁은 피할 수 없을 것입니다"
라고 주장하면서 이홍장에게 원군을 요청했다
그러나 이홍장은
"난리를 수습만 하면 그뿐
일본인에게 피를 흘리게 하는 것은 절대로 엄금한다"
라고 하여 청국의 조선파병은 400명에 그쳤다
일본은 같은 날 2천명을 인천에 상륙시켰다
일본 외무대신 이노우에 자신이 전권대사로
군대를 앞세우고 서울에 들어와
고종에게 사죄국서를 지참한 사절을 일본에

파견할 것과 반란의 주범 처단 및
일본인에 대한 피해보상금 지불을 요구하면서
1885년 1월 무력을 배경으로 강압적인
한성조약(漢城條約)이 체결되었다
일본의 속셈은 조선에 대한 청국의 지배를
종식시키는 것이 목적이었다
일본은 이토오히로부미(伊藤博文)를 전권대사로
천진에 파견하여 청국의 직례총독 이홍장과
조선문제로 담판한 결과
1885년 4월 18일 전문3개조의 천진조약(天津條約)을 체결했다

① 청·일양국은 4개월 이내에 철병할 것
② 조선국왕에 관하여 조선의 자위권을 양성토록 하되 훈련교관은 청·일양국을 제외한 타국에서 초청토록할 것
③ 장차 조선 내에서 어떤 변란이나 중대사건이 발생하여 청·일양국 혹은 어느 1국이 파병할 필요가 있을 때는 먼저 양국이 문서를 통하여 연락을 취할 것

이와 같은 조약이 체결됨으로써
청국은 조선에 대한 종주권을 사실상 상실하게 되었다
천진조약이 체결되고 청국의 지배력이 약화되자
열강들이 때를 만난 듯 조선문제에 끼어들었다
영국은 거문도를 점령하고는 '해밀턴항'이라 개명까지 했다

일본은 이를 우려하던 끝에 이홍장에게

조선 내정에 적극 간섭해줄 것을 요청하고 있는 형편이었다

선교사 언더우드

천진조약이 체결되고
1885년 4월 미국 선교사 언더우드가
감리교 선교사 아펜젤러와 함께 인천에
상륙해 선교를 시작했다
1887년 조선 최초 교회인 새문안교회를 세우고
조선어 문법책을 영어로 집필하였다
그는 성서번역위원회 초대회장
대한기독교서회 회장
한국기독교교육회 회장을 맡았으며
연희전문학교를 설립하여 신문학에 뜻을 둔
청년들을 모아 교육사업을 시작했다
고종은 배재학당이라는 이름을 지어
친히 간판까지 써주었다
이화학당을 창설한 스크린턴 여자선교사 등
우리 사회발전에 기여한 선교사들이 속속 들어왔다

친러정책

천진조약 이후 어전회의에서
독일인 외교고문 목인덕이 입을 열었다
"전하 미국이 프랑스나 영국에 비해
침략성이 작은 것은 사실입니다
그러나 일본의 세력을 견제하려면
미국보다는 러시아가 유리할 것으로 사료됩니다"
"러시아가 왜 그렇단 말이오?"
"만일 일본에서 무력을 행사할 경우
미국은 너무 멀리 떨어져 있어 불리하옵니다
러시아는 지리적으로 가까울 뿐 아니라
일본과도 적대관계에 있으니 서슴지 않고
긴급 출동할 것입니다
따라서 러시아가 조선에 여러모로 적합할 것이옵니다"
고종은 목인덕의 의견에 크게 만족하였고
중전 민씨와 다른 중심들도 흡족해 했다
이렇게 하여 친청정책에서
순식간에 친러정책으로 급선회하였다

중전 민씨는 임금의 밀서를 러시아로 급히 보냈다
1855년 크림전쟁 중에 등극한
알렉산드르2세가 크림전쟁에서 참패하자
그는 러시아를 근대화하겠다고

1861년 농노해방령을 공포하고 진보정책을 폈다가
러시아로부터 독립하려는 폴란드에 반란이 일자
반동정치를 시작했다
1881년 이에 혁명적인 지식인들이
'인민의 운동'을 전개하는 과정에서
그들이 던진 폭탄에 맞아 죽었다
둘째 아들 알렉산드르3세(1881-1894)가 계승하였는데
그는 유대인을 압박하고 강력한 경찰정치를 하였다
밖으로는 평화불간섭주의 정책을 썼지만
범슬라브주의를 채택하여 중앙아시아·근동으로의
진출을 기도하고 있었다
그러던 차에 조선으로부터 밀서가 왔으니
알렉사드르3세는 조선국의 보호와 군사원조에
적극적으로 협조하겠다는 뜻을 보였다

청국과 일본은 당황하였다
서로를 견제하여 조선을 한 입에 삼키려고
천진조약까지 체결했는데
이득은 엉뚱하게 러시아가 보게 된 것이다
큰일이 아닐 수 없었다
청·일양국이 비밀서한을 주고받으며 대책을 협의해
조선 관리에 대한 공동협의안이 마련되었다
① 조선국의 외교방침은 일본과 조선이 협의
조선국왕으로 하여금 그대로 실천케 할 것
② 내정에는 서로 깊이 간섭하지 말 것

③ 대신의 임명은 서로 상의해서 결정할 것
④ 외교고문 목인덕을 파면처분하고 미국인을
임명할 것
⑤ 조선에 주재하는 청국관원은 일본공사관원과
긴밀한 연락을 취할 것
⑥ 청국에 억류 중인 대원군을 내보내 정권을
장악케 하고 민비를 제거할 것

이렇듯 6개의 비밀협의안이 마련됨과 동시에
이홍장의 친필서한이 조선정부에 전해지자
중전 민씨는 노발대발하였다
1882년 7월 납치되어 3년간 연금생활을 하다가
1885년 8월 귀국하는 흥선대원군
정략적으로 풀어주는 대원군에게
군함 2척으로 호위하는 선심까지 베풀었다
"으흐흠!"
호랑이의 포효와도 같은 흥선대원군의 헛기침 소리는
중전 민씨의 간담을 서늘케 하였다
이후 중전 민씨와 대원군의 대결은
나라가 망할 정도로 '용호상박(龍虎相搏)'
피나는 싸움의 연속이었다

오열하는 세자빈

외국 사신들이 들어오고 국제정세가
언제 무슨 일이 터질지 몰라
10여 년 전에 에디슨이 발명한 전기불도 들여왔다
나라살림이 어려워지니 도둑떼가 난무하고
장사에 눈이 먼 청국인·일본인의
인삼 밀거래로 큰 이익을 보고 있었지만
이를 막을 재간이 없었다
서울의 입구 마포에는 각국의 범선이 몰려들어
자유항을 방불케 했다
몇 년째 흉년이 들어 방곡령이 내려지고
살얼음판을 걷는 듯한 어려움 속에서도
세월은 흘러 1890년을 맞이했다
화사한 봄날 아침에 대왕대비 신정왕후
조씨(83)가 숨을 거뒀다
풍양조씨 조만영의 딸로 12세에 효명세자빈이 되어
23세 때 세자가 의문의 죽음(안동김씨 의심)을 당하고
60여년을 외롭게 살아온 비운의 여인으로
시아버지 순조에 이어
아들 헌종(憲宗)이 8세로 등극했으나
안동김씨 순원왕후의 위세에 눌려 기를 펴지 못하고
아들 헌종이 23세로 죽었다
1863년 철종(哲宗)이 후사 없이 세상을 뜨고

왕위 결정권이 있던 신정왕후는
흥선군의 아들 고종(高宗)을 즉위시키고
수렴청정을 시작했지만
실권은 흥선대원군에게 있었다
신정왕후 빈전에는
궁녀들보다 더 오열하는 세자빈이 있었다
“얘야 너무 슬퍼하지 말아라”
“어마마마 하온데 주책없이 눈물이 납니다”
자기 설움에 우는 세자빈 민씨 누가 말릴 건가
깊은 한숨을 내쉰 중전 민씨는 누구보다
세자빈의 속마음을 헤아리고 있었다
세상 모든 여자가 부러워하는 세자빈 자리지만
혼례를 치른 지 몇 해가 되었는데도
부부의 즐거움을 모르고 사는 세자빈이 아니던가
그녀의 얼굴에는 늘 수심이 서려 있었다
천하를 움직이는 여걸 중전 민씨도 세자빈
앞에서는 죄인의 심정을 감출 수가 없었다
하나뿐인 아들 세자가 남자구실을 못했기 때문이다
굿을 하고 무당이 시키는 대로 좋다는 것은
다 했으나 성생활은 호전되는 기미가 없었다

망문이사이옵니다

애가 타는 중전 민씨는 궁녀 김씨를 은밀히 불렀다
“세자가 아직도 아기를 못 낳으시니 답답하구나
무슨 수가 없겠느냐?”
“그야 때가 되면 어련하시겠사옵니까”
“그게 무슨 소리냐 세자 나이 18세 시다
너 한번 시험해 보지 않겠느냐?”
“중전마마 궁중에는 여러 소문이 떠돌고 있사옵니다”
“무슨 소문이더냐?”
“세자저하의 것은 수세미 같다고 하옵니다”
중전은 설마하는 마음에서
울타리에 주렁주렁 매달린 팔뚝 같은
수세미를 연상하며 되물었다
“응 그래 그렇게 미끈하단 말이더냐?”
“그렇기는 하오나 기운이 없다고 하옵니다”
“네가 세자에게 인도를 가르쳐 보아라”
“예 마마 어찌 명을 거역 하겠사옵니까”
30이 넘은 궁녀 김씨는 호화롭게 몸단장을 하고
세자의 침전에 들어갔다
며칠 후 초조하게 기다리던 중전 민씨는
“성사되었느냐?”
“망문이사(望門而死)이옵니다 마마”
문에서는 기다렸는데 들어오다가 죽었다는 말이었다

그동안 세자에게 쏟은 정성이 얼마던가
실망한 중전 민씨는 병석에 눕고 말았다

쫓겨난 엄귀인

고종임금의 생활은 중전과는 달랐다
완화군을 잃고 눈물로 세월을 보내던
이귀인이 보고 싶었지만
쫓겨난 그를 어떻게 찾을 수 있을까
다른 여인을 찾으려니
얼마 전 임금을 홀려 옥체를 상하게 했다는
죄로 중전에게 매를 맞고 쫓겨난
귀인 장씨의 처절한 모습이 떠올랐다
이후 대전과 내전에는 두리뭉수리 같은
궁녀들만 배치해 놓았다
"밖에 누구 없느냐?"
"예 엄상궁 입직이옵니다"
"중전마마의 병환은 좀 쾌차해지셨느냐?"
"예 하오나 침전에는 못 드신다 하옵니다"
술상이 들어오고 술잔을 따라 올리는 등
분위가가 달아올랐다
"엄상궁 올해 나이가 몇이던고?"
"서른넷이옵니다"
"나보다 다섯 살 아래로구나"
눈꼬리가 치켜 올라간 중전을 의식했지만
큰기침 한번하고 엄상궁의 손을 잡아끌었다

"엄상궁은 중전이 무섭지 아니한가?"
"상감마마밖에는 아무도 없사옵니다"
"그렇긴 하나 네가 염려스러워서 그런다"
"마마 쇤네 두렵지 않사옵니다"
기나긴 밤 뜨거운 열기가 가득한 방에는
발가벗은 임금과 엄상궁이 뒹굴고 있었다
내일의 고초는 내일 생각하리라
꿈같은 밤을 지낸 엄상궁은
새벽녘에 침전을 나왔다

병상에서 일어난 중전은 정무로 바빴다
그렇다고 엄상궁의 밀회를 모르겠는가
"저런 발칙한 계집이 있나! 한상궁! 당장
엄상궁을 내쫓고 오너라
상감마마가 모르시게 조심하여라!"
쫓겨난 엄상궁은 갈 곳이 없어
중전에게 매를 맞고 쫓겨났던
귀인 장씨를 수소문해 찾아갔다
뜻밖에도 장씨는 수태한 몸으로 쫓겨나
왕자를 낳아 기르고 있었다
바로 이강(李堈-義親王:1877-1955)이었다

엄상궁의 복수

쫓겨난 엄상궁은 중전 민씨에게 복수하고 싶어
한강변에 있는 아소정에서 노후를 보내고 있는
대원군을 찾아가 조손(祖孫)의 첫 대면을 시켜주었다
15세의 왕자 이강은 어머니 장씨를 닮아
인품이 수려한 소년이었으니
재기를 노리는 대원군에게는 더없는 기쁨이었다
대원군은 두 여인에게 집을 마련해주면서
때를 기다리라 했다
그러나 상금을 노리고 있던 아소정의 하인은
중전에게 이를 고해바쳤다
며칠 후 그 집에 자객이 들어
귀인 장씨는 칼에 찔려 죽고
엄상궁은 간신히 목숨을 부지하여 숨어살게 되었다
뜻밖에도 중전 민씨는 왕자 이강을 데려다가
의화군(義化君)이라는 군호를 내렸다

갑오개혁

1893년 고부군수로 부임한 조병갑은
만석보를 증축하고 수세(水稅)를 징수하여 착복하고
무고한 사람에게 죄를 씌워 재산을 편취하는 등
가렴주구를 자행하였다
동학의 고부접주 전봉준(全琫準:1854-1895)은
농민들과 동학교도들을 이끌고 궐기
동학혁명을 일으켰다
1894년 4월 30일 전주가 동학군에게 함락되자
조정에서는 원세개에게 동학군을
섬멸해달라고 간청했다
청국은 정여창으로 하여금 2척의 함정을
인천으로 출동케 하고 동시에 천진조약에 따라
일본 외무대신에게 조선파병을 통고했다
일본은 대청국(對淸國) 문제로
조선에서 한판 승부를 벌여야 한다는
계략을 세우고 있던 중 기회가 다가온 것이다
일본의 수상은 이등박문(伊藤博文)이었다
1894년 4월 30일 동학군에 함락되었던 전주가
5월 8일 화의(和議)에 의해 수복되자
조정에서는 청·일양국의 군대를 철수하라고 요청했다

그러나 일본은 거절하고 병력을 증파해

서울과 인천에 주둔시켜
무력시위로 우위를 점하려하자
개화당 친일파들이 날뛰면서
일본 침략에 부채질을 하였다
6월 21일 오오도리(大烏圭介) 일본 공사는
일본군 2개 대대를 이끌고
궁궐로 들어가 고종을 배알하고
내정개혁 5개 항목을 제시하고
청국세력을 물리칠 것을 강요했다
겁이 난 원세개는 신병을 구실로 귀국하고
말았으니 조선은 친일 일변도로 기울게 됐다

원세개가 도주하고 조정에는 개혁파가 진출하니
일본은 단독으로 내정개혁을 단행하기 위해
조희연 등 친일파를 움직여 대원군을 섭정으로
하고 민씨 세력을 추방했다
김홍집을 수반으로 친일내각을 조직했다
1894년 7월 27일 국가기무처를 설치하고
관제개혁에 착수해 모든 관제를 일본식으로 개편하였으니
1894년 갑오년의 일이라
갑오개혁(甲午改革) 또는 갑오경장(甲午更張)이라고도 한다

청일전쟁

옥호루에 감금된 중전 민씨는 초조했다
아무리 신흥국가 일본이라 해도 청국과는
상대가 되지 못한다고 생각했다
조선관리들도 모두가 겉으로는 일본을 따르는
척 했지만 속으로 비웃고 있었다
그러나 일본은 갑오개혁을 단행하면서
개화정권으로 하여금 청국과의 외교단절을
통고토록 하고 1894년 7월 25일 풍도 앞바다에서
청·일양군의 해전이 벌어졌다
이때 구미열강은 국외중립(局外中立)을 선언했다
아산만으로 원군을 수송하던 청국군함을 향해
일본 유격함대가 공격을 가함으로써
청일전쟁의 막이 올랐다
풍도 앞바다의 해전은 간단히 끝났다
고승호 격침!
조강호 나포!
광을호 좌초!
청일전쟁의 첫날의 전과였다

육지에서의 서전은 7월 28일 성환전투였다
성환은 서울에서 청군 본영이 있는 아산으로 통하는
교통의 요지로 여기서도 일본이 승리했다

8월 1일 청·일양국은 동시에 선전포고를 하고
곧 일어난 평양전투는
일본국 3만, 청군 1만 4천에서 청군의 괴멸이었다
9월 17일에는 황해(黃海) 전투가 벌어졌다
정여창이 지휘하는 12척 군함이 6시간 전투 끝에
북양함대 5척 침몰 7척 파손으로 끝났다
이제 중국 대륙을 넘보게 되었다
일본의 제1군은 의주·신의주·압록강을 넘어
안동 방면으로 진격 요동반도에 교두보를
구축하고 제2군은 10월 24일 화원구(花園口)에 상륙
금주·대련을 공략 11월 21일 여순을 점령하였다
일본군은 여순에서 군인 민간을 가리지 않고
대학살을 자행했다

공덕리 아소정의 거사

공덕리 아소정
대원군의 별장에 일본인 3인이 찾아왔다
"상호간의 신뢰가 염려스러울 뿐이오
지난 30여 년 간 방자한 민비가 이 나라를
망친 것을 어찌 말로써 다 해겠소"
정국을 바로 잡기 위해 최악의 수단도
불사하겠다는 생각이었다
최악의 수단이란 무엇인가?
"국태공 저하의 높으신 뜻을 이해합니다
미우라 공사께 그대로 전하겠습니다"
호리구치 일행은 발걸음도 가볍게 왜장대로 향했다
며칠 후 곧 치밀한 계획을 세운 오카모도가
아소정을 다시 찾아왔다
"알겠네 이 늙은이도 죽을 각오로…"
"국태공저하 승낙하신다는 뜻으로
서약서에 수결(手決)을 하십시오"
흥선대원군의 손이 떨리고 있었다

중전 민씨의 최후

1895년 8월 20일 새벽 3시
1천여 명의 일본군이 광화문에 밀어닥쳐
사다리를 걸쳐놓고 경복궁 담을 넘어 들어갔다
급보를 접한 군부대신 안경수는 훈련대장 홍계훈과 함께
1개 중대의 병력을 이끌고 달려왔지만
흉도들이 휘두른 칼에 홍계훈이 쓰러지고
안경수는 도주했다
중전은 피신할 겨를이 없었다
"왕비를 찾아 죽여라!"
궁녀와 내시 10여명이 순식간에 참살되고
낭인들이 중전의 침실 옥호루 장짓문을 부수고 들이닥쳤다
시녀들은 비명을 지르며 흩어지고 그 사이
중전 민씨는 복도로 뛰쳐나갔다
가녀린 몸에 걸친 것이라곤 하얀 속옷 뿐
낭인들은 단숨에 달려가 칼을 휘둘렀다
"아악! 세자야!"
세자만을 외치며 쓰러졌다
일본인 구니모토가 중전의 시신을 확인하고
이불에 싸서 녹산으로 옮기게 한 뒤
석유를 뿌려 불을 당겼다

중전의 작은 몸은 화염에 쌓이고 말았다
오카모도는 강녕전으로 달려가 대원군에게 보고했다
"국태공 저하 일은 끝났습니다"
"일~이 끝이 났다…?"
사람들은 파락호 시절
그를 가리켜 상갓집 개라고 했다
그때는 안동김씨의 세도에 모진 목숨 부지하려고 그랬다
그러나 지금 그가 하고 있는 이 짓거리는
상갓집 개만도 못했다

명성황후

서울의 정세는 불안했다
인심이 흉흉한 가운데 일본인·친일파가
국왕을 폐위한다는 소문이 나돌았다
1896년 2월 러시아의 웨베르 공사가 자국
공사관 보호라는 구실로
무장군인 100여 명을 서울로 끌어들였다
고종의 거처를 러시아공관으로 옮기려는
책동이 비밀리에 이뤄지고 있었다
주역은 이범진·이완용·이윤용 등으로 이들은
중전 민씨에게 쫓겨났던 엄상궁을
궁궐로 들여보내는 데 성공하고
그녀에게 4만냥의 뇌물을 주고
고종을 설득하라고 했다

"전하!"
"무엇인고 엄상궁?"
"전하 도처에서 의병들이 난을 일으키니
일본과 친일파들이 또다시…"
"또다시 무엇이란 말이야?"
"망극하오나 전하! 그들이 왕위 폐립을…"
"그러니까 그걸 피하기 위해 과인더러 러시아
공사관으로 피신하라 그 말이냐?"

"망극하옵니다 전하"

1896년 2월 11일 새벽 친러파들은

웨베르와 공모 고종과 세자를 모시고

러시아공관으로 들어가게 되었다

이를 아관파천(俄館播遷)이라 했다

거리에는 임금의 칙어가 나붙었다

"과인은 신민과 상하 관원들에게 고하노라!

지금 나라가 혼란함을 틈타 내각의 대신들이

과인을 겁박하고 있도다

더욱이 중신들이 일본공사와 손잡고

역모를 꾀하고 있으므로

부득이 러시아 공사관으로 피신하였노라

여러 신민과 관원들은 힘을 모아

역적 김홍집 무리들을 일망타진하라!"

고종은 김홍집을 러시아 공사관으로 오라는 어명을 내렸다

김홍집은 중신들의 만류를 뿌리치고 광화문까지 갔다

소홍문이란 사람이

"대감 용서하십시오

소인은 어명을 받은 몸이니 그에 따를 뿐이옵니다" 하고

칼을 번적 들어 내리쳤다

김홍집의 시체는 이리저리 끌려 다니다가

종로 네거리에 매달려 며칠 동안 방치되었다

러시아 공사관 2층에 피신한 고종은

답답하고 울분에 찬 나날을 보내고 있었다
내란을 자초했던 단발령을 해제하여
민심을 수습하고 의병 해산을 명령했지만
날이 갈수록 마음이 허전했다
고종은 통역 김홍육에게 부탁했다
"과인의 곁에는 늘 엄상궁을 두도록 조치하라"
엄상궁이 러시아공사관으로 들어왔다
어느 날 엄상궁은 구역질을 하였다
"아니 엄상궁 이게 웬일이더냐?"
"태기가 있사온 듯합니다"
그 아이가 영친왕(英親王:1897-1970)이다

고종의 환궁문제가 러·일간의 합의로 거론돼
그해 10월에는 김홍제 등 여러 사람들이
고종의 환궁을 주청하였다
고종도 그런 생각을 하고 있은 터였으므로
1897년 1월 19일 고종은 1년 만에
러시아 공사관을 나와 덕수궁으로 들어갔다
덕수궁 근처에는 서양인들의 주택이 있고 강대국
공사관도 가까이 있어 무슨 변란이 일어나도
신속하게 피신할 수 있다는 일신상의 안전을 고려한 선택이었다
덕수궁으로 환어하자
각국공사들은 앞 다투어 고종을 알현하였다
미국·영국 공사는 뜻밖의 제안을 했다
"전하 외신은 오늘을 계기로

전하께서 황제로 군림하시기를 간절히 비옵니다
그리하여 조선국이 자주독립국임을 선포하소서"

1897년 9월 17일
이 나라의 국왕을 '황제(皇帝)'라 칭하는 의식이 거행되었다
남별궁 환구단에서…
환구단은 지금 조선호텔 경내에 있다
이렇게 하여 대한제국(大韓帝國)이 탄생하였다
후속조치로 왕세자를 황태자(皇太子)로
승하한 중전 민씨는 명성황후(明成皇后)로
대원군은 대원왕(大院王)이라 칭하게 되었다
그동안 미루어오던 명성황후의 국장을 치르기로 하고
장지는 청량리밖 홍릉으로 정했다
1897년 11월 27일 고종황제는
새로 제정한 의장을 갖추고 덕수궁 대한문을 나섰다
황제가 탄 교는 36명이 메는 호화행렬이었다
점심때가 지나 타다 남은 시신을 모신 대여가
홍릉에 안착하였다
하늘에서 갑자기 천둥번개가 치고 폭우가 쏟아졌다
잠시 후 우박이 쏟아졌다
"에크 황후의 영혼이 노해서 이러는 거야!"
소나기를 맞은 행렬의 옷은
물에 빠진 생쥐 꼴이 되었고
갑자기 강풍이 불어와 겨울날씨처럼 추웠다
대원군은 하루 종일 운현궁에 틀어박혀 꼼짝도 하지

않았다
“민비에서 명성황후의 시호를 내렸다고?
나라의 일이 걱정이로다 실속은 없는데 껍데기만
대한제국이오 황제면 무슨 소용이 있단 말이냐”
이렇게 푸념하는 대원군이었다

명성황후의 국장이 있던 그날 밤 부대부인 민씨가
헛소리를 하고 의식을 잃었다
2개월을 누었다가 세상을 뜨고 장례는
90일장으로 결정되었다
뒤따라 흥선대원군이 덜커덕 병석에 눕더니
79세로 아내의 뒤를 따라갔다
부대부인 민씨의 장례를 늦추어 대원군과 같은 날
같은 시각에 한 무덤에 합장하였다
장지는 경기도 파주 운천으로
고종황제는 끝내 장례식에 나타나지 않았다

‘명성황후’는 오페라공연 20년 이상 선전하고 있다
왜 우린 비참해야하는가?
왜 우리는 밑바닥만 파헤쳐야 하는가
그게 자랑인가
영광스러운 우리 역사를 자랑해보자!
‘잘살아보세! 잘살아보세! 우리도 한번
잘살아보세!’

김제방 선생 저서 출간 연보

수필집

1988년 인간적인 것이 그립다
1989년 빌딩숲에 매달린 고슴도치
1991년 어느 여름밤의 방황
1992년 물꼬를 터가는 사람들
1993년 사도세자 압구정역 하차
비에 젖은 남치맛자락
1994년 둥지를 찾아 헤매는 텃새
1996년 호박이 넝쿨째 굴렀네
목화꽃이 필 무렵

시집

1998년 이집트로 가는 길

1999년 오아시스로 가는 길

2000년 베이징으로 가는 길

2001년 긴 만남 짧은 이야기

왕건의 나라

장하다 홍국영

2003년 흥선대원군·명성황후

2004년 고종황제의 최후

2005년 이승만과 김구의 대좌

2006년 박통의 그늘

세종대왕의 실수

2007년 불타는 창덕궁

역사서

2009년 한국근현대사

2010년 한국중고대사

2011년 조선왕조사

한국민주화역사

2013년 성공한국사

2015년 한국현대사 · 1

한국현대사 · 2

한국현대사 · 3

2016년 한국현대사 · 4

2017년 한국현대사 · 5

한국현대사 · 6

2018년 세계사와 함께 읽는 재미있는 韓國史

역사서사시집

2018년 우면산 돌담불
2019년 한강의 기적
5·16혁명
2020년 박정희 황금시대
문재인 적폐시대
이승만 건국시대
전두환 오판시대
2021년 코로나 비상시대
흔들린 민주주의
박정희 100년 시대

김제방 역사서사시집

박정희 100년 시대

초판인쇄일 2021년 09월 09일
초판발행일 2021년 09월 17일

지은이 : 김제방
발행인 : 김순진
편집장 : 전하라
디자인 : 김초롱
펴낸곳 : 문학공원
등 록 : 2004년 3월 9일 제6-706호
주 소 : 우편번호 03382 서울 은평구 통일로 633
녹번오피스텔 501호 스토리문학사
전 화 : 02-2234-1666
팩 스 : 02-2236-1666
홈페이지 : www.munhakpark.com
이메일 : 4615562@hanmail.net

※ 책값은 뒤표지에 있습니다.
※ 저자와의 협의에 의해, 인지는 생략합니다.